| 光明社科文库 |

匈牙利高等教育的演变与改革

王庆年◎著

光明日报出版社

图书在版编目（CIP）数据

匈牙利高等教育的演变与改革 / 王庆年著 . -- 北京：光明日报出版社，2022.11

ISBN 978 - 7 - 5194 - 7011 - 1

Ⅰ.①匈… Ⅱ.①王… Ⅲ.①高等教育—研究—匈牙利 Ⅳ.①G649.515

中国版本图书馆 CIP 数据核字（2022）第 244776 号

匈牙利高等教育的演变与改革
XIONGYALI GAODENGJIAOYU DE YANBIAN YU GAIGE

著　　者：王庆年

责任编辑：石建峰　　　　　　　责任校对：杨　茹　龚彩虹

封面设计：中联华文　　　　　　责任印制：曹　净

出版发行：光明日报出版社

地　　址：北京市西城区永安路 106 号，100050

电　　话：010 - 63169890（咨询），010 - 63131930（邮购）

传　　真：010 - 63131930

网　　址：http：//book. gmw. cn

E - mail：gmrbcbs@ gmw. cn

法律顾问：北京市兰台律师事务所龚柳方律师

印　　刷：三河市华东印刷有限公司

装　　订：三河市华东印刷有限公司

本书如有破损、缺页、装订错误，请与本社联系调换，电话：010 - 63131930

开　　本：170mm×240mm

字　　数：229 千字　　　　　　印　　张：14.5

版　　次：2024 年 1 月第 1 版　　印　　次：2024 年 1 月第 1 次印刷

书　　号：ISBN 978 - 7 - 5194 - 7011 - 1

定　　价：89.00 元

序

　　匈牙利，全称匈牙利共和国，位于多瑙河冲积平原，依山傍水，西部是阿尔卑斯山脉，东北部是喀尔巴阡山，是一个位于欧洲中部的内陆国家。匈牙利拥有良好的工业基础，这使其在计算机、通信器材、仪器、化工、医药等领域发展迅猛，同时吸引了众多的外资。汽车工业作为匈牙利的支柱产业，出口额占匈牙利出口总额的近20%，上百家汽车零部件企业为匈牙利创造了更多的就业机会和经济效益。加入欧盟以来，匈牙利农业发展十分迅速，农产品出口成为匈牙利农业的一大特色。农产品出口领域涉及谷物、油料、蔬菜、水果、蜂产品、乳制品等。截至目前，匈牙利已成为中东欧地区的农产品出口大国。

　　匈牙利作为联合国经济合作与发展组织承认的发达国家，具有良好的教育资源和教育质量，其教育水平在欧洲处于领先地位。匈牙利拥有众多历史悠久、教育水平高的高等学府，如罗兰大学、考文纽斯大学、佩奇大学、德布勒森大学等。其在高等教育领域拥有很多优质专业，特别是医学、牙医学等专业在全球位列前茅。在学制体系上，匈牙利众多的优秀院校为了不断提高自身的国际化水平，也开设了众多的英语授课课程供外国学生选择。遵循欧盟教育体制与"博洛尼亚进程"的匈牙利高等教育同样采用3-2-3的学制体系，学生在学习过程中取得的学分全球认可，还可在这样的学术体系下自由交换学习甚至转学。

　　匈牙利在特定历史阶段实施的高等教育战略规划、战略措施以及高等教育的独特性，对其近现代经济、社会的发展产生了极为深远的影响。在诸多的诺贝尔奖获得者中，有13位出生或成长于匈牙利。本书以匈牙利高等教育演变为主线，以人才培养为中心，以教育思想、制度体系、政策措施及保障为框架，着重论述匈牙利在各历史阶段的高等教育思想、高等教育体制、高等教育主要任务及其演变、重要阶段的规划、高等教育法规、人才培养、高教改革、教师管理、经费保障、国际合作、欧洲高等教育区、吸纳海外人才以及政策支持等方面的情况。特别是其在人才培养和教育强国方面的政策，值得我们思考。认识和了解匈牙利高等教育的过去、现在和未来发展趋势，研究其现阶段的教育发展战略规划、战略措施及其产生的阶段性成果，对长期有效实施国家中长期教育改革和发展规划，推动教育强国，具有一定的借鉴意义。

目前，中国国内尚无针对匈牙利高等教育的论著，本书将全面论述匈牙利高等教育的演变历史与改革历程，高等教育体制机制、振兴计划、保障体系和未来发展之路。本书的价值在于：一，其新颖性和独特性将为国内从事高等教育研究的学者提供良好的信息，为高等教育发展提供有益的思考；二，有关人才培养方面的政策规划、措施及保障体系对我们有借鉴意义；三，有关高等教育体系、投入产出、质量保证、运作管理等方面的措施也为国内相关政策与制度制定提供一些参考。

作者从事高等教育国际化和国际教育工作25年，曾于中国驻匈牙利大使馆主管中匈两国的教育合作4年有余，对匈牙利本国的教育、科技、文化和经济有一定的认识，特别是对匈牙利高等教育发展有较深的理解。经过不同阶段的体会、积累和再深化，形成了本书的点点滴滴。有不正确的地方还请专家同行批评建议。

王庆年 2021 年 7 月 9 日于广州

目　录
CONTENTS

第一章

匈牙利教育概况

第一节　匈牙利共和国经济社会发展情况简介

一、匈牙利共和国基本情况

匈牙利（匈牙利语：Magyarország）是一个位于欧洲中部的内陆国家，东邻罗马尼亚、乌克兰，南接斯洛文尼亚、克罗地亚、塞尔维亚，西靠奥地利，北连斯洛伐克，面积 9.30 万平方千米，边界线全长 2246 千米。截至 2022 年 10 月，全国总人口 960.4 万人，首都为布达佩斯，官方语言为匈牙利语。

匈牙利位于多瑙河冲积平原，依山傍水，西部是阿尔卑斯山脉，东北部是喀尔巴阡山。多瑙河从斯洛伐克南部流入匈牙利，把匈牙利截成东、西两部分。匈牙利属大陆性气候，凉爽湿润，全年平均气温为 10.8℃，夏季平均气温为 21.7℃，冬季平均气温为-1.2℃，年平均降水量约为 630 毫米。

公元 896 年，来自亚洲西北部的马扎尔人在欧洲广阔的匈牙利大平原建立起一个强大的国家——匈牙利。自此，匈牙利人结束了持续数百年的游牧生活，在美丽的多瑙河两岸定居下来，在公元 1000 年建立匈牙利王国。1699 年起匈牙利全境由奥地利哈布斯堡王朝统治，1867 年《奥地利—匈牙利折中方案》后成为奥匈帝国的组成国，在经历近千年的磨砺之后，匈牙利人与奥地利人一起建立起了一个称霸欧洲的奥匈帝国。第一次世界大战使匈牙利失去了 2/3 以上的土地和 1/2 的人口。第一次世界大战后，匈牙利恢复独立，1920 年由霍尔蒂·米克洛什（Horthy Miklós）担任王国摄政。第二次世界大战后，匈牙利人民共和国于1949年8月宣布成立。1989年改名匈牙利共和国。1998年匈牙利向市场经济的体制转轨基本完成，1999年其国民生产总值的3/4已经源自私营企业。匈牙利于2002年正式加入欧盟，成为欧盟成员国之一，其社会经济结构和教育制度也进一步调整。

匈牙利是中等发展水平国家，工业基础较好，服务业、旅游业发展迅速，经济目标是建立以私有制为基础的福利市场经济。1997年，匈牙利向市场经济体制转轨大体完成；1998年上半年，私有化工作基本结束，匈牙利私营企业的产值占GDP的80%；1999年总体经济首次突破1989年水平；2000年匈牙利经济快速增长；2002年，匈牙利由于工业生产增长缓慢，再加上世界经济衰退，特别是受欧盟经济疲软的影响，经济增长速度放慢。2002年1月—9月，匈牙利共引进外资约4.74亿欧元，同比减少一半，全年财政赤字占GDP的9.4%。匈牙利重视改善居民生活水平，不断增加退休金、家庭补贴、生育和抚养儿童的补助金等。此外，在医疗、教育、文化、体育和旅游等方面实行优惠补贴。2021年，国内生产总值为1822.81亿欧元，人均国内生产总值为18772.67美元，国内生产总值增长率为7.1%，2022年失业率为3.6%。

在匈牙利人移居欧洲并定居在匈牙利大平原后，为了纪念匈牙利民族在欧洲定居1000年，匈牙利人在1896年修建了一个英雄广场，称为 Heroes' Square。这是匈牙利首都布达佩斯的中心广场，是一个融合了历史、艺术和政治的胜迹。整个建筑群宽敞肃穆、雄伟壮观，象征着几经战争浩劫的匈牙利人民对历史英雄的怀念和对美好前途的向往。这个具有历史纪念意义的英雄广场现在已成为国内外游人参观游览的胜地。每当重大节日或外国元首来访时，英雄广场都会举行盛大的仪式。英雄广场是匈牙利19世纪著名的新巴洛克学派雕塑家佐洛·捷尔吉（Zorlo Tergi）和建筑学家斯奇凯丹兹·奥尔拜特（Schikedanz Albatt）主持设计和施工的，广场的右边是全国最大的画廊，左边是美术馆。进入广场，可看到两侧分别立有两堵对称的弧形石柱壁，每一堵墙的石柱之间各排列着7尊历史英雄的塑像。石壁上方各有两组勇士驾驭战车的塑像。广场中心矗立着一座36米高的千年纪念碑，柱顶站立着大天使加百列的石像，这位在《圣经》中同情人类、慰劳人类的天使，高展双翅，似乎刚刚从天而降。石柱的基座上有 7 位骑着战马的历史英雄的青铜像,他们是匈牙利民族在此定居时的 7 位领袖:阿尔帕德(Alpad)、埃勒德(Ehrer)、胡鲍(Abalone)、陶什(Taoshi)、孔德(Conde)、翁德(Wunder)和泰泰尼(Tetani)。雕塑侧面镌刻着"896—1896 年"的字样。在纪念碑前,还有一方象征性棺椁,用 47 吨白色巨石制成。这是第二次世界大战后,匈牙利人民为纪念历代民族英雄而建,棺盖上的浮雕大字为:"为了我国人民的自由和民族利益而牺牲的英雄永垂不朽!"。

二、2008 年金融危机后的匈牙利

2008 年金融危机以来,匈牙利作为一个经济衰退最严重的经合组织成员国,尽管从国际组织得到了金融援助,但其宏观政策依然保持紧缩,经济深度衰退。于是,匈牙利为了恢复可持续增长,果断进行了结构性改革。2009 年,匈牙利在劳动力和消费方面转移税收负担,减少了经济扭曲,同时,匈牙利进行养老金改革。积极的改革增加了劳动力供给,降低了财政支出。

图 1-1　英雄广场

图1-2　链子桥

为提高公众大型福利收益和减小政府规模，政府主动减税，精简公共就业，加强公共采购，促进公共行政改革，同时也建立监测单位。主动提高卫生系统的效率。重塑金融监管框架，这场危机暴露出政府在监管框架方面存在一些缺陷，如需要建立充分的监测和风险评估，以免借款人过度承担风险。在银行方面，银行应该控制高风险贷款，消费类金融产品应提高透明度保护消费者。虽然金融监督独立于财政部且直接对议会负责，但为了防止系统性风险，也需要中央银行和监管机构行使关停公司的权利。

教育效率还有待提高。学校系统运行良好，然而，职业培训学校的毕业生并不能满足劳动力市场的需求。政策虽然支持职业培训中心职业实践培训地区一体化，但是实际教学时间应该提高。政府应该满足高等研究的劳动力市场需求，改善教育学生的学习环境，提供资金支付贫困家庭学生的生活费用。

2008年金融危机之后，匈牙利在经合组织国家中经济衰退最为严重，其实际国内生产总值（GDP）在2009年降为经合组织国家的平均水平。匈牙利的经济遭受了重创，全球危机加速了投资者信心的崩溃。2008年10月匈牙利货币急速贬值，迫使其向国际组织请求经济援助。一个200亿欧元的联合信贷计划于 2008 年 11 月被国际货币基金组织（IMF）、欧洲联盟（简称"欧盟"）和世界银行执行。高外币债务和疲弱的财政是外国投资者信心崩溃的根源。匈牙利 2008 年末对外负债总额约为 GDP 的 120%。

三、新型冠状病毒肺炎疫情肆虐下的匈牙利

2020 年伊始，全球发生新型冠状病毒肺炎疫情，对国家经济社会产生了深刻的影响。匈牙利政府预计 2020 年经济将萎缩 3%，2021 年将增长 4.8%。

匈牙利政府上周向欧盟委员会提交了年度《趋同计划》。该计划预测 2021 年匈牙利 GDP 将下降 3%，新型冠状病毒肺炎疫情结束后，2021 年匈牙利经济会迎来经济反弹，GDP 将增长 4.8%，2022 年 GDP 增长有望超过 4%。就业率下降是暂时的，匈牙利政府预计就业率将从 2021 年开始增长，失业率将在 2022 年回落至 3.5%。与先前预测的和政府公布的信息不同，《趋同计划》预测财政赤字为 3.8%（此前的预测为 2.7%）。此外，匈牙利政府对公共债务的未来发展趋势持乐观态度，预计到 2021 年公共债务将减少。匈牙利政府还表示，公共债务减少的趋势将会延续。根据《趋同计划》，2020 年前两个月匈牙利经济并未受到新冠肺炎疫情的影响。政府在该计划中表示，工厂在 2020 年 3 月 20 日之后开始暂停生产，这意味着很大一部分工业产能未被充分利用。从 3 月的第二周开始，旅游、文化和休闲活动逐渐减少，最后彻底停止（István，1999、2007）。

该计划还详细讨论了经济增长结构的问题。2019 年，4.9% 的经济增长率大部分是由服务业（2.9 个百分点）、制造业（1.0 个百分点）和建筑业（1.0 个百分点）贡献的。根据政府的预测，最终消费（final consumption）是 GDP 保持正增长的唯一因素，而在 2020 年，净出口和投资都已减少。该计划对匈牙利未来经济发展的评估是积极的，同时指出了能够使匈牙利经济抵御外部冲击的强大经济基础。匈牙利政府预计从 2020 年到 2021 年公共债务呈增加趋势，其占 GDP 的比重将从 2019 年的 66.3% 跃升至 2020 年的 72.6%。从 2021 年的计划来看，公共债务的比重将逐步下降。

匈牙利财政部公布了 2020 年前 4 个月的财政赤字数据。2020 年前几个月，匈政府的财政赤字为 7240 亿福林，与上年度同期相比增幅明显；2019 年的赤

字仅为 309 亿福林。但必须指出的是，有 4000 亿福林用于购买医疗用品（口罩、防护设备和呼吸器等）。2020 年 4 月，匈牙利获得欧盟转移支付 3120 亿福林，这有助于改善政府的预算状况。欧盟成员国可以使用欧盟基金来资助推行抗击新冠肺炎疫情的措施。政府已宣布，将从匈牙利获得的欧盟基金中拨出 4200 亿福林，以资助实行以下计划：

——为受危机影响的企业发放工资补贴，支持企业雇用研究和开发人员（2300 亿福林）；

——企业投资和资本增强计划（800 亿福林）；

——企业优惠贷款计划（1100 亿福林）。

由于数据不充足，很难对维护匈牙利经济稳定的必要经济措施进行适当的评估。接下来，匈牙利政府将对新获得的数据进行分析。匈牙利中央统计局（HCSO）公布了两份简短的报告，介绍了匈牙利经济活动受到限制后的变化，其中一份报告（2020 年 5 月 7 日发布）涉及 2020 年 3 月的工业生产情况。与 2019 年同期相比，工业生产下降了 5.6%。此外，季节性调整后的数据（seasonally adjusted data）显示，工业生产活动下降了 10.0%，其中下降幅度最大的是运输设备制造业，而一些部门（计算机、电子和光学产品）仍可能增长。匈牙利总理欧尔班·维克托（Orbán Viktor）在周五的例行电台采访中提到了这些数据，并补充说 4 月的经济数据很可能会更糟，但 5 月的数据将呈现出改善的趋势。欧尔班表示，政府可以在公共就业计划（public work schemes）框架下雇用大约 20 万人，如果有必要，可以进一步提高计划的上限，迄今为止，约有 16 万人向政府求助。他再次强调，匈牙利政府战略的重心是创造就业机会而不是提供失业补贴。

2020 年 4 月 28 日发布的另一份报告提供了详细的劳动力市场数据。根据中央统计局的数据，2020 年第一季度匈牙利的失业率为 3.7%，与 2019 年同期相比略有增长（上升了 0.2 个百分点）。数据变化的幅度虽然不大，但这不能如实地反映限制措施对经济影响的程度，必须补充的一点是，自疫情发生以来共有 5.6 万人失业，但只有 2 千人开始积极寻找工作。这意味着其余的 5.4 万人成为非经济活动人口，换句话说，这一数字还未被计入3月的失业数据中。

衡量经济变化的另一个指标是汇率和股市的数据。这两项数据能够立即反映出国内外投资者对于当前状况的评估。BUX指数在2020年1月2日为46230点，在2020年3月19日达到了最低点，为29494点，下降了37%。但是，该指数在2020年5月8日回升至34976点，使投资者的损失减少了一半，匈牙利福林的汇率变化与股市的数据变化趋势非常一致。福林在4月1日贬值至最低值（1欧元＝364福林），下跌了10%，但此后福林的汇率有所改善，在2020年5月8日1欧元＝349福林。

总之，由于掌握的经济数据不足，目前尚不能对近期的经济发展进行准确评估，但4月和5月的数据显然反映了经济状况的恶化。然而，股市和汇率的弹性以及坚定的政策措施将使匈牙利经济迅速步入复苏和快速增长的轨道。此次经济危机的产生和加剧并不是匈牙利经济内部问题造成的，而是为抗击新冠肺炎疫情采取的限制措施产生的严重影响导致的，因此匈牙利经济预计将在2021年下半年出现V型复苏。

第二节　匈牙利的教育制度及发展状况

一、第一所学校

匈牙利第一所学校成立于公元998年，位于匈牙利西部的班诺浩勒矛（Pannonhalmi），是罗马教皇开设的，目的是为匈牙利开国大典建造的教堂培养牧师。匈牙利国会早在1868年就通过了全民义务教育基本法，比英国还早两年。

二、教育系统构成

匈牙利现行的教育系统由学前教育、学校体系以及学校体系以外的教学机构三部分组成，具体包括：实施学前教育的幼儿园；学校体系中的小学、普通中学、初级艺术教育学校、中等专业学校、技术工人培训学校、技术学校、大学和学院等；学校体系以外的各类培训机构。匈牙利的高等教育体系除公立大学、公立学院外，还有教会大学、教会学院、私立和基金会大学和学院。

匈牙利实行 12 年义务教育，幼儿园、小学和中学免费。学制为：小学 8 年，中学（包括职业中学）4 年；或者小学 6 年，中学 6 年；抑或小学 4 年，中学 8 年。至于采取哪种学制由各学校自行决定，且各种学制都配有相应的经文教部批准的教科书。

1999 年，匈牙利约有 3700 所小学，约有 1500 所中学，89 所高等学校。1999 年，匈牙利 25～64 岁劳动人口中，受过高中阶段教育的占 39%，受过高中以上培训的占 24%，其中受过高等教育的占 17%。从 1990 年起，匈牙利的公共教育机构，即幼儿园、小学和中学，一律归属各级地方政府。

匈牙利的学校一般在 8 月底 9 月初开学，每学年 185 个教学日，每周 5 个教学日。从 2004 年起，每年除 10 到 11 周的暑假外，还规定了各为期 1 周的秋假、冬假和春假。

根据 1993 年的公共教育法规定，匈牙利儿童满 3 岁即可免费上幼儿园，而最迟入园年龄为 5 岁（当年 5 月 31 日年满 5 周岁），儿童入学时，必须出示幼儿园毕业证书。根据规定，儿童 6 岁上小学，正常情况下 14 岁小学毕业。

中等教育机构分中学、职业中学以及为小学没毕业或有轻微智力障碍学生开设的职业学校。通过入学考试才能上普通中学或职业中学，普通中学毕业后取得中学毕业证；职业中学毕业后取得两个毕业证，一个中学毕业证和一个职业中学毕业证。普通中学或职业中学的毕业生都可凭毕业证书报考大学或大专。职业中学毕业生如果没有考上大学或大专，可以凭职业中学毕业证找工作。

从 2005 年起，匈牙利实行两种不同水平的中学毕业考试：一种是高水平的试题难度大的毕业考试，这种考试由国家考试委员会统一组织，凭该毕业文凭可报考大专院校；另一种是中等教育水平结业文凭，仅持该文凭者不能报考大专院校，只能求职就业。报考哪种水平的考试由学生自行决定。

三、教学情况

教学期间，学校老师对学生进行口试和笔试考试，考试打分为 5 分制。根据 2004 年修改后的公共教育法，老师除给学生打分（1~5 分）外，期末还要给每个学生写文字评语，以弥补 5 分制的不足。教育法还规定，一年级的（分数不到 3 分的）学生不能留级，其他年级的学生都可以留级。

长期以来，匈牙利教育体制呈现一些特色，具体如下：

1. 教育经费体制。匈牙利中小学经费主要由中央政府按照学生人数划拨。具体程序是：中央政府将资金划拨到州政府，州政府将资金划拨到区政府，再由区政府最终决定划拨到学校的资金数额。国拨经费约占学校运行所需资金的 70~75%，其余部分由各地方政府给予补贴。高等学校的经费拨付，实行以国家任务和学科费用为基础的拨款，同时教育部每 7 年对公立大学进行一次检查与评估，根据检查与评估的结果调整拨款基数，在新的基础上重新核定拨款数额。20 世纪 90 年代以来，匈牙利教育经费一直占其国民生产总值的 5% 以上，但由于经济严重下滑，其教育经费总量也是持续、明显下降，教育经费不足困扰着匈牙利教育的发展。

2. 学校办学体制。转型之前，匈牙利办学体制较为单一，公立学校是其唯一的办学模式，直至 20 世纪 90 年代，私立教育才逐步兴起。目前，匈牙利的教育体系包括公立和非公立两类，两者都得到匈牙利政府的承认，并在业务上接受政府教育行政部门的指导，但是公立学校在整个教育体系中仍然占据主导地位，私立学校的比重较小，主要包括教会举办的学校和基金会举办的学校。1999 年，在公立学校就读的学生，无论是小学、中学，还是大学，均超过了 90%。

3. 教育管理体制。匈牙利政府对教育工作实施三级管理，即高等教育由教育部负责，中小学教育由各州政府负责，幼儿教育由各城镇及首都下属各区政府负责。但由于中小学教育体系比较复杂，实际的归口管理部门并不统一。以布达佩斯市为例，布达佩斯市约有 1300 所学校（不包括大学），包括：559 所幼儿园、414 所小学、37 所师范学校、265 所中学等。市教育局只管辖大约 150 所中学，其中多数为职业中学；小学和一部分中学由区政府管理。

四、学制情况

匈牙利义务教育年限为 10 年，政府要管理到人。其基本教育制度大致分为三个等级：6 岁小孩必须上小学（分为 6 年或 8 年，也有与中学阶段打通的 12 年制学校）。小学毕业后可选择普通高中（一般为 4 年）、职业中学（一般为 4 年）、职业学校（一般为 3 年）或专科学校（一般为 2 年）就读，与部分 6 年制的小学相适应也有少量 6 年制的中学。18 岁通过入学考试的学生可升入大学（本科，一般 5~6 年）或学院（专科，一般 3~4 年）。不愿上大学的学生，可在小学（大致相当于中国的初中）毕业后选择职业高中或专科学校学习，以获取有关职业资格证书，便于就业。匈牙利由教会或一些基金会开设的私立学校，比较多的是一些专门学校，这些学校主要根据学生的不同爱好，着重对学生某一方面兴趣的培养，或者是以升入名牌学校（大学）比例高为特点，在学制方面与公立学校基本相同。匈牙利实行 22 岁之前的免费教育制度，凡就读于公立学校的学生，在 22 岁之前都不用交学费，有关费用理论上由政府承担。

第三节　匈牙利基础教育的特点

匈牙利的教育基础和教育水平在前东欧国家中是比较先进的。匈牙利的基础教育属于义务教育，从幼儿园到高中，年龄从 3 岁到 18 岁，共 15 年。其义务教育年限长于大部分国家。

匈牙利的教育体系和教育模式既不同于西方国家也不同于东方国家。政府教育部负责提出对教育的总体方案，即国家方案，学校据此自主制订教学方案，即学校方案，国家方案指导学校方案。

匈牙利学校的教学基础设施比较完备，城乡学校之间无显著差别。其基础设施整体硬件水平略高于中国城市学校基础设施的平均水平。匈牙利是从计划经济转为市场经济的国家，其基础教育的若干特点可供发展基础教育，特别是义务教育参考、借鉴。

一、政府职能保证义务教育

匈牙利中央政府和各级地方政府，通过其政府职能保证国家义务教育的实施。在基础教育（义务教育）阶段，政府职能主要是经费投入和落实学龄人口入学。教育经费中，国家投入60%，地方政府投入40%。基层政府（如布达佩斯市下属的区政府）对基础教育的投入占其年度预算的25%~30%。国家和地方政府投入的教育经费，都能落实到办学机构（幼儿园、学校），不存在"截流、挪用"问题。

二、基础教育阶段学生的学费由政府负担

基础教育阶段学生的学费由政府负担，而学生家庭只负担教材费和学生在校餐费，政府对教材另有补贴，对经济困难的家庭还可减免收费，除教材费和餐费外，学校不再收取其他费用。学生在校参加教学计划范围以外的专业训练，如艺术、体育等，学校可收取适量费用以聘请专业教师。学生家庭承担的基础教育费用，占家庭收入比例很小，不构成经济压力，学校和家长都直言，不存在"乱收费"问题。

在匈牙利，学生可以跨区择校就学。跨区招生的学校和学校所在地的区政府，有责任与学生居住地的区政府联系，共同核实学生就学落实情况，从而保证每一学龄人口接受义务教育。

三、教师资格制度和教师进修制度

匈牙利的基础教育严格执行教师任职资格制度，要求教师除具有大学本科以上学历外，非师范生还须具有2年师范专业培训学历。即使是幼儿园，也要求具有大学本科5年学历，保育员具有专科3年学历。学校对教师实行公开招聘，应聘人员应具有教授所教年级及科目的资格，经专家审核并试用合格后，方可与其签约。

教师在任职期间，应按照教师进修制度，不断学习提高。规定要求，教师须于5年内在高等院校上与教育相关的课程并修满120学分，经考核确认，教师资格继续有效，教师进修为在职学习，所需费用，政府负担80%，个人负担20%，对年龄超过50岁的教师，不再提进修要求。教师进修制度有助于教师更新知识内容、优化知识结构和提高综合职业素质。这两项制度是保证教育质量不断提高的有力措施。

目前匈牙利基础教育教师的工资水平与政府工作人员相比偏低，但他们可享受国家公务员福利，这有利于稳定教师队伍。

四、办学质量考核

考核办学质量包括考核学校领导和考核教学质量两部分。考核学校领导，主要是听取家长和学生的意见，实质上是社会考核。由于学校自主办学，学校经费与就读学生人数相关，这种考核方式使学校领导明确为学生服务、对学生负责的办学宗旨。学校及时倾听社会意见，社会不断关心学校建设，学校与社会联系密切，教师与学生关系融洽。在匈牙利绝少发生由学校或教师教育不当而引起的恶性事件。

考核教学质量，主要是地区会考（中学），类似于中国的毕业统考。会考的目的在于检查学校的教学是否符合规定要求，学生是否达到毕业标准，与是否升入大学无关。因匈牙利无统一高考，各大学自行招考，且大多数学生都能上大学，因此学校办学不必承受"高考升学率"和"应试教育"的压力。学校可提供更丰富的课程供学生选择，学生则能从更多方面主动发展自己。当然，学校也看重本校考入重点大学的人数，它从一方面也体现了学校的声誉。

五、计算机与外语教学

匈牙利从小学起普及计算机教育，要求各科教师都懂计算机。计算机课程是基础教育的重点课程，学校设有计算机专用教室，部分学校的计算机已上网，学生人均计算机数量、机型及配置与中国城市学校大体相当，不及中国重点学校。匈牙利教育部计划近年内推动学校教学用计算机全部上网，计算机教学注重培养学生的实际操作技能。学校因工资水平所限，难以聘请到计算机专业的毕业生，计算机课的教师主要由本校数学、物理等学科教师经专业培训后担任。匈牙利国家小、人口少，教育普及程度高，城乡学校教学设施无显著差别。

匈牙利重视外语教育，将其列为基础教育的必修课程。学生普遍从小学开始学习外语，开设的外语语种主要有英语、德语、法语、西班牙语和拉丁语，个别学校也教日语，目前未见汉语进入其基础教育。外语教学的特点是突出培养学生实际运用外语的交际能力。小学高年级的外语课已做到基本不用母语讲课。小学外语课因年级不同，每周3~5节，中学第一外语为必修，每周6节，第二外语为选修，每周3节。第二外语教学早于中国（大学高年级）。

六、素质教育

多年来，匈牙利的教育一直受苏联教学偏重理论知识的影响，但从20世纪80年代中后期开始，随着政治体制的转变，其教育逐渐转向西方教育体制。匈牙利在加入欧盟后，加快了教育转轨的步伐。体现在素质教育方面的一个显著特点是其学校普遍开展"兴趣活动"教学，这在小学尤为突出，学校的教学安排，上午为规定课程，下午则用来组织各种各样的兴趣活动小组，小组活动内容广泛，学生可根据个人的爱好和专长选择参加，充分发挥自己的学习主动性和内在潜力。

学校认为，这种活动并不是单纯兴趣性的课余活动，可有可无，而是培养学生全面发展的重要内容，是素质教育必不可少的组成部分。学校为此积极创造条件，如建立各学科实验室、美术室、雕塑室、体育训练场馆，提供各种活动需要的材料、设施、聘请专业教师等。针对开展此类活动所应具备的场地及条件，具有良好的水平。

第四节　匈牙利教育发展的优劣势分析

匈牙利人口在未来几年仍将保持负增长和老龄化的态势，这对于匈牙利公共教育的影响是：（1）需要接受教育的人口数量减少；（2）有工作能力的人口数量减少，国家税收及其他收入减少，因此国家将会削减教育支出（王庆年，2009；王庆年，2016）。

匈牙利过去及未来一段时间内就业率持续降低，失业率增加。同时就业结构发生变化，农业、工业、建筑业等体力劳动就业比例大幅下降，同时脑力劳动和服务业就业比例增加，因此对高等教育和职业技能教育的需求增加。

当前匈牙利教育发展具有自身的一些优势和传统理念，但由于全球化和新技术革命的发展，其也呈现不少劣势和亟待改进的方面，需要解决面临的问题，不断深化教育改革。其优势和劣势、问题与危机分析如表 1-1 所示。

表 1-1 匈牙利教育优势和劣势、问题与危机分析

	具体表现
优势	允许自由选择学校；上一辈接受教育人口知识水平高；丰富的教育种类及资源；较长时间的义务教育；接受中等教育的人口比例高；教育的现代化进程高（例如，语言教育、覆盖所有公共教育领域的"教育网"、素质教育等）；学校提供的受教育机会多；良好的音乐和艺术教育传统；课堂以外丰富的培养教育机会；灵活的教师进修机制；教师潜能高；教育机制中的敏感性和积极性高；教育政策解决问题的能力强
劣势	国家不景气，经济和社会发展态势给教育带来不良影响；匈牙利教育中政府资金比例过高；发展教育经费渠道有待扩展；受教育者对所在学校某些领域（外语、信息）教学能力的渴望较高
问题	学生主科成绩和语言能力不足；教育与就业脱节，学生偏科；教育中出现违反法律的各种歧视问题；学校体系中推行的"一体化"政策没有达到预期目标；教育体系中分支学科的联系不足；地方上评分机制不健全；教育在社会、媒体中的宣传不足；单轨制教学传统；各地方教育发展难以融合；对教师工作评价体系的缺乏；各机构间物资条件不平衡；某些领域缺乏国家标准；对于学科能力和资金运转监督的缺乏；各机构持续得到资金支持不稳定；机构内部培训能力不足；经费使用效率低；公共教育信息资源重复
危机	缺乏对教育政策的一致性意见，导致教育发展持续性差；国家发展计划对教育支持和其他支持来源缺乏；人口的不良发展态势；集中教育经费拨款和各地方支出的差异性带来越来越大的不适应；公共财政改革难以推进（教育、医疗）；就业市场对教育的影响大；公司和企业培训能力的不足；社会上对公共教育体系改革的不同意见多；地方教育系统的专业化程度不足；部分老师和学生积极性差；评分机制缺乏；地方上教育管理和任务分配缺乏民主和专业性；有些地方教师待遇存在问题

第五节　匈牙利教育发展道路、宏观趋势、新思想、新观念

一、匈牙利教育发展的宏观趋势

匈牙利在 2005—2015 年间的教育发展原则如表 1-2 所示。

表 1-2　匈牙利在 2005—2015 年间的教育发展原则

	具体方面
1	教育水平，从经济和社会角度来看，要符合欧盟制定的标准
2	从科研、文化、物流、环保以及某些服务业的专业培训角度看，教育水平要处于中欧、东欧和东南欧的中游位置
3	在知识经济时代，教育要努力发展创新，发展高附加值产品和服务业，提高国家竞争力
4	教育要提高居民就业率，克服人口发展的不良趋势，打造高素质劳动力
5	教育要有利于国家，更多地争取欧盟事务
6	教育要保持匈牙利文化的继承性，同时保持欧洲文化核心，加强国家的开放和融合力
7	教育要坚持欧洲价值体系，减少社会和种群冲突
8	教育要保护环境，促进可持续发展
9	教育要维护民主，无论性别、种族、居住地、信仰和种群，保证国民都接受同样的教育

为此，需要不断打造新的匈牙利教育体系，具体如表 1-3 所示。

表 1-3　匈牙利新教育体系注重的事项

	具体方面
1	要为国家提供拥有竞争力的新知识、有持续学习能力、不断提高自我的劳动力
2	要能够灵活有效地、循序渐进地实现既定目标，并且符合社会和经济的要求
3	要采用能够保证教育机构教学质量不断提高、不断产生个人和团体成绩，同时鼓励和支持弥补缺点的机制

	具体方面
4	要保证弱势群体在任何年龄段、任何条件下受教育的权利
5	要鼓励人们在任何年龄和情况下接受教育
6	要保证社会各种文化的融合，扩大匈牙利文化的开放度
7	要将受教育者培养成能够自我学习、自我发展的人，并且具备一生保持学习的兴趣
8	要高效使用资金，确保专款专用
9	要保证资金使用效率
10	要确保拥有教育培养环境，保证具备高水平的物资和人力条件

二、匈牙利优先发展教育的战略规划

匈牙利教育根据欧盟的《里斯本条约》和 2007 年开始施行的《新匈牙利发展计划》，主要是培养学生的竞争力，同时克服以往教育体系中的诸多缺点。

表 1-4　重要的教育目标

		提高竞争力	促进社会融合稳定
经济—社会目标	学术目标	普及具有提高竞争力意识的知识	减少教育的不公平性
	教育体系发展目标	建立高效的教育体制	打造包容性强的教育体系
教育学术目标	学术目标	普及具有提高竞争力意识的知识	为受教育者获得今后继续学习的能力打下基础，降低辍学率
		为受教育者掌握信息技术知识打下基础	缩小教育的不公平性
		为受教育者打下外语知识基础	为渴望自学某种知识的学生提供条件
	教育体系发展目标	建立高效的教育体制	减少同级别机构间的学术成果差异 保证资金使用效率
		打造包容性强的教育体系	改善专业培训水平和机会差异 消除歧视和区别对待

表格摘编自《公共教育在发展国家竞争力和社会凝聚力中的作用——匈牙利教育部公共教育长期发展纲要（2005—2015）》（布达佩斯，2005）。

第六节　匈牙利优先发展教育的战略措施与成效

制定匈牙利教育中期发展战略既要符合国际发展趋势，又要符合本国国情，因此战略体系中包括两方面内容：

（1）国家教育价值体系，至今在教育方面取得的成绩以及匈牙利教育的优良传统。（2）提供一种大多数人可以接受的方案，以解决教育体系中出现的各种问题；同时推动教育发展，以适应 21 世纪对教育提出的挑战。因此，实现教育发展战略要分两大阶段进行，具体如表 1-5 所示。

表 1-5　实现教育发展战略的两大阶段

	目标措施
第一阶段： 为发展教育提供 有利的外部环境	强调发展是第一要务
	要适当对相关规定做出修改
	制定详尽的战略发展文件（"白皮书"）
	为以发展教育为目的的各项活动制订计划
	加强实现教育发展所需的各项实力
第二阶段： 推动第一阶段 制订的各项计划	实现第一阶段制订的各项计划
	举办各项教育活动
	切实执行第一阶段制定的各项规章制度
	测量、评估以上各项措施对教育的影响

为实施教育发展战略所列的各项目标，匈牙利政府制定了相应的教育中长期发展目标，具体如表 1-6 所示。

表 1-6　匈牙利教育的中长期发展目标

	目标措施
中期发展目标：重点强调的是发展	营造终身学习的社会环境
	改善教育的不平衡性
	提高教育的质量
	支持师范类专业的发展
	提高信息技术的应用度
	改善教育的物质条件
	有效利用教育经费
长期发展目标：通过教育实现以下几方面的目标而达到预期成效	有效促进青少年的发展，培养个性，建立终身学习型社会和积极参与型社会
	通过教育有效地实现社会根本目标：维持民主法治国家的正常运转，保护环境，改善国民的健康水平和生活质量，发扬社会文化的精髓，提高国家在国际一体化以及参与国际事务的能力
	弹性适应劳动力市场持续性变化的各项要求，培养具有竞争力的，能够不断更新知识储备的人才
	构建团结、公平的社会；提高匈牙利社会的凝聚力，排除由于社会地位、性别、出生地、宗教信仰等差异造成的社会歧视；每一名青少年都有自主选择权；促进在匈居住的少数民族和定居者在未被同化之前就可以融入匈牙利社会
	有效帮助匈牙利适应欧洲一体化，适应由于全球化技术转型以及国际关系体系的拓宽带来的挑战

第七节 匈牙利教育改革的具体目标和措施

一、基础教育

提高包括非公立学校和宗教学校在内的教师队伍的报酬，在 2002 年的基础上增加 50%；从 2004 年起，实行奖金制度。进一步改进津贴制度，如：补贴在职培训和购买书籍的费用、基础教育人员旅游费用半价打折、发放第 13 个月薪水、破格晋级、奖金以及以优惠价格购买电脑的补贴等。匈牙利基础教育改革的具体目标和措施如表 1-7 所示。

表 1-7 匈牙利基础教育改革的具体目标和措施

目标	具体措施
进一步完善新的教师在职培训制度和进一步改进教学管理	减少义务工作时间，取消在 2002 年 9 月增加的工作量
	加强地方政府的决策职能，确保制订教育服务计划时各级管理部门的一致性
	发挥国家基础教育委员会的作用，在制定教育政策过程中，强化社会和专业监督作用
	促进职业培训现代化，修订国家培训注册政策
	确保学校的透明度和稳定性
	修订国家核心课程计划，强化基本技能和交叉学科领域教育
	制定新的双轨制高中毕业考试规则
实行提高基础教育质量计划	在一些小区建立教育资源中心
	为学校的自我评估提供支持
	从 2003 年起，通过延长小学教育阶段和延长使用小学教师至五、六年级来强化基本技能的教育
	强化以学生为中心，而不是以课程为中心（通过减少学习负担和书面知识，增强个人和技能的发展）

续表

目标	具体措施
实行提高基础教育质量计划	强化社会公共教育系统和特殊教育服务，推动有特殊教育需求孩子的发展
	支持伤残孩童（公共基金、在职训练、消除公众教育机构的行动障碍）
	以帮助学校教育和进入社会为目标的项目（奖学金、在职培训、援助基金项目）
	减少贫困儿童在职业学校的失学率，帮助他们学习一种技能（2000—2006 职业学校发展项目，发展中级职业学校和以劳动力市场为中心的培训项目）
	链接社会数字缺口，建立各个层面上的以 ICT（Information Communications Technology，简称 ICT）为基础的教育框架。
	提供额外基金和时间，大力在外语教学（世界语）项目支持培训相关教师
	开放原始资源以打开数字分割的窗口，支持完整的职业教育

二、职业教育

2003 年 6 月，国会通过了关于职业教育的修正法案。以前由学校提供的职业教育现在是公共教育的一部分。目前的政策措施和目标如下（表 1-8）：

表 1-8　匈牙利职业教育改革的具体目标和措施

目标	具体措施
建立一个国家公共机构系统和以 IT 为基础的包括职业定位、指导、咨询的继续专业培训的参谋机构	根据目前劳动力市场更新内容、限定需求
	更新职业课程，公共建设项目
	教学人员培训

目标	具体措施
建立一个国家公共机构系统和以 IT 为基础的包括职业定位、指导、咨询的继续专业培训的参谋机构	发展职业培训的基础组织
	提高职业培训的物质条件，获得现代教育技术，设立学生车间和办公室以利于学生实践训练
	发展职业定位、指导、咨询系统
	发展职业培训机构网络以供给贫困学生
	通过为中途辍学学生提供二次机会的公共机构框架来消除贫困和非贫困学生之间的差别

三、高等教育

为应对 2004 年欧盟合约的挑战，在欧盟合约背景下建立知识型社会的挑战在匈牙利高等教育领域引发了一系列新功能和相关问题的需求。因此，匈牙利高等教育管理的主动改革是"博洛尼亚进程"（Bologna Process），是 29 个欧洲国家于 1999 年在意大利博洛尼亚提出的欧洲高等教育改革计划，该计划的目标是整合欧盟的高教资源，打通教育体制。目前改革的总体目标是通过在所有高等教育机构的教师和学生中预备欧盟一致性和兼容性的高等教育服务，从而进入欧盟高等教育领域。原则上政策目标如下（表 1-9）：

表 1-9　匈牙利高等教育的政策目标

	具体政策目标
1	采取欧盟学位认证原则的预备措施
2	采取在各高等教育课程中以 ECTS（European Credit Transfer System，简称 ECTS，欧洲学分互认体系，是欧洲诸国间在高等教育领域互相衔接的一个项目，以确保各国高等教育标准相当）为基础的学科项目和特制的学分系统的预备措施
3	加强鼓励学生交流（国际和国内的，在地理位置上和学术层面上的）
4	支持欧盟高等教育合作框架中的质量管理政策

	具体政策目标
5	增强与社会团体和劳动力市场（雇方）的合作
6	更新教育内容，更多地关注教育、研究和经济间的内在联系
7	作为高等教育机构整合的结果，拥有多个院系的大学和学院取代了原先分散的制度系统，通过公共机构整合达到的预期目标之一是为学生提供广泛的学习分部，另一个目标是减少在培训中地区之间的差异性
8	在高等教育中增强培训组织的透明化并引入标准化准入系统。通过完善开发ECTS兼容信用系统，确保更好的计划学习途径和灵活选择特殊教育，在公共机构之间提供纵向和横向转移的可能
9	在高等教育中建立真实的标准化理财系统，以 IT 为背景实现运作和管理的标准化
10	通过不同期限和不同还款方式来扩展国家低息助学贷款框架

四、成人教育和培训

在新的政府组织中，职业和劳动事务部从教育部接管了成人教育和校外培训的部分，两个部门共同管理终身教育领域，他们的目标是为不同培训措施制定全面的政策，以便所有人都能够真正实现终身学习。

第八节　匈牙利的教育改革趋向

一、积极促进私立教育发展

从 1993 年起，匈牙利积极鼓励私立教育，并逐步建立健全了一整套管理规范，如：私立学校的创办必须经过政府审批，私立学校必须完成法律规定的教学课程等。从发展态势看，目前私立中小学发展较快，开始呈现公立中小学（包括职业中学）生源向私立学校流动的趋向。同时，私立高等教育的发展也较为迅速，私立高校约占高校总数的 10%。在对私立教育的经费支持政策上，如果私立学校也实行与公立学校相同的免费教育，政府一视同仁给予拨款支持，如果私立学校实行收费营利政策，政府则不拨款。

二、加快中小学教育教学改革步伐

匈牙利的各类中小学校都必须按照法律规定完成基本课程，但至于以何种方式、何时完成没有明确、统一的规定，各学校使用的教材也不尽相同。在社会转型后，国营大工业企业、公司逐步减少，职业中学的吸引力逐渐下降，各类学校争夺生源的情况日趋严重。首都布达佩斯的职业中学，学生生源自 20世纪 90 年代初期以来减少了 60%，普通高中和特长学校学生人数明显上升。近年来，各个中小学都在设法改变传统的教育教学方式，如：增设适应社会发展和经济结构调整需要的课程、增加外语授课的课程和时间等，不断增强学校的竞争力。

三、进一步深化高等教育改革

在转型前，匈牙利的高等教育体制完全按照苏联模式设置。1990 年 5 月安达尔政府上台后，便强调大力发展和改革高等教育，经过反复讨论，1993 年 7月匈牙利历史上第一部《高等教育法》经匈牙利议会批准通过。经过 10 年讨论，从 1999 年开始，匈牙利对大学进行了调整、合并、重组，变单科为综合或多科，变学院为大学，保证每个州有一所水平较高的大学。1999 年全国有89 所高等学校，目前其调整过程仍未结束。其主要发展目标是，扩大高等教育规模，大学模式与欧盟接轨。

四、博洛尼亚进程中的匈牙利基础教育改革

匈牙利是加入博洛尼亚进程的中东欧国家。按照博洛尼亚进程的要求，匈牙利在若干年内应完成教育领域的转制。目前，匈牙利基础教育处于一个长期转型阶段。

大约 70% 的学生选择中学后直接升大学，30% 的学生选择先工作若干年再上大学。在匈牙利基本上每个学生都可以上大学。特别是中学之后读职业学校

的学生，如果提出申请，即可上大学。

五、匈牙利教育研究所

匈牙利教育研究所是国家级教育政策研究机构，隶属于匈牙利人力资源部。该所有 30 人，其中一半是研究人员，另一半是辅助人员。研究所的研究领域涉及教育政策建议、教育发展战略、教育社会学、学生服务和活动体系、教育管理等方面。研究所领导人的选聘向社会公开招聘，符合条件的应聘者提出申请，研究所进行审核，最后经教育部批准任命，一届任期 5 年。

匈牙利教育研究所经历了政治变化前后两个 10 年。研究所的研究人员认为，党派政治对教育政策的制定和实施影响很大。作为教育政策研究人员，只能通过项目研究提出自己的个人看法和政策建议，教育部可以采纳研究结果，也可以不采纳并将研究结果退回，但是不论采纳与否，研究人员的研究结果都可以向社会公开。

匈牙利教育研究所绝大多数的研究课题来自教育部门，教育部门的工作重点就是研究所的研究重点。研究所重点关注和研究初等教育和中等教育问题，2021 年重点转向高等教育。研究所 1 年的基本经费拨款为 8000 万福林（300 福林≈1 美元），另外有研究项目拨款 8000 万福林，均为教育部直接拨款。

匈牙利教育研究所与中国国家教育发展研究中心性质基本相同，他们非常愿意与中国加强联系与合作，并主动表示愿意参加中国主办的国际研讨会和一些合作研究项目。由于教育研究所经费并不充裕，参加一些国际活动的机会甚少。

第二章

匈牙利高等教育发展史及现状

第一节　匈牙利高等教育发展简史

　　基于早期的教育改革，匈牙利教育在欧洲处于中等水平，但其教育普及率非常高，在同龄人口中有85%具有高中以上学历。目前，匈牙利政府认可的大学及学院有71所，在校学生44.3万，其中全日制学生24.9万，外国学生1.3万，在职学生15.5万，远程教育学生2.6万。1990年到现在，教育每年投入占GDP的比重为5.1%~5.5%。由于匈牙利的历史发展错综复杂，其高等教育的发展也经历了诸多阶段。

一、开始阶段

　　匈牙利教育的开端可以追溯到中世纪早期。中世纪的教育和教学，包括在欧洲其他地方，都非常紧密地与教堂相关联。匈牙利西部许多采用拉丁语进行编写和使用的教材等被保存在图书馆。这是一个确凿的证据，其表明早在10世纪结束前就存在修道士学校。人们有充足的理由认为，在中世纪时期匈牙利与许多其他地区的国家一样，教学是修道院生活中不可或缺的一部分。

图2-1　布达佩斯市区一角

二、中世纪

日益增长的需求，官僚和传教士系统的扩张，多元化的皇家法院管理和教会最终给国王写信请求建立大学。匈牙利第一所大学于1367年成立于匈牙利南部的佩奇市，第二所成立在布达（布达和佩斯合并之前的一方）。尽管在这两个机构中，一些教学人员都是被邀请的著名的外国学者，但这也清楚地表明大学是当时全国修道院中存在的高度发达的教学中心。在经过几十年的办学之后，由于缺乏资源和足够数量的学生，这两所大学都不复存在了。之后，土耳其帝国征服了包括匈牙利在内的许多欧洲国家，废除了一个主权国家近两个世纪，匈牙利教育几乎断然停止，因为在同时期历史和大部分的匈牙利领土上，教会沉默和减少到无法履行其传统文明的使命。然而在奥斯曼帝国所赦免的征服者地区上，天主教和新教教堂很快继续积极参与到教育领域，学校管理的新教教堂起到了先锋作用，教学采用的是匈牙利语而不是拉丁语。16世纪末，匈牙利西部建立了一所新的大学，标志着高等教育的重生。

三、启蒙时代

启蒙时代开启了匈牙利国家监管的教育系统与规则，以皇后玛丽亚·特蕾莎（Maria Teresa）的名字命名。1777 年，匈牙利颁布了教育法案（Educations）。这个立法法案提出了一项计划，即建立四年小学教学，该教学和教材的语言是匈牙利语，而在中等和更高层次的教育领域，拉丁语仍然保持其主导地位。这是匈牙利历史上第一次制定关于组织培训教师的法律。1806 年，颁布了第二个教育法案。

四、19 世纪欧洲资本主义时代

1840 年匈牙利语被匈牙利正式确定为官方语言，国家开始高度重视匈牙利语的教育，建立了匈牙利第一所职业学校。

在革命和 1848—1849 年独立战争时期，新独立的匈牙利政府通过了教育立法法案。该法案明确声明应增强国家控制和组织整个教育系统内容的力量，严格执行强制的初等教育是政府的责任。1849 年独立后，现代化教育系统在经过了一段时间后再次扮演了一种新的动力，虽然要依据奥地利教育模式发展，但是在中等教育中德语占统治地位。1850 年，在城市中引入为期四年的义务教育，在乡村引入为期三年的义务教育。尽管小学生的数量上升了约 30%，但只有不到一半的学龄人口参加了初等教育和不到 2% 的国家预算拨付给教育。在奥地利中等教育模式中，引入并建立了统一的八年的文法学校和理工学校。

1867 年，奥地利和匈牙利之间的统治精英成立了奥匈帝国。这样的发展给国家带来了前所未有的推动经济扩张和文化进步的动力，在欧洲范围内建立了一套现代的教育系统。匈牙利自由派政治家罗兰·约瑟夫（Roland Joseph）在 1867 年被任命为匈牙利政府第一任教育和文化部部长。1868 年的教育法案推出了六年义务教育方案，并承诺引入和逐步实施义务教育的原则，同时要求国家投入巨额资金。这很快产生显著的效果：1870 年到 1910 年之间的文盲率从总人口的 68.7% 下降至 31.3%。该法案在中等教育生效之后，几乎覆盖了六年的文法学校和理工学校。文法学校的课程集中在文科（历史、文学和古典语言），理工学校的课程集中在数学和自然科学。

学校组织建立职业培训始于 1884 年在学徒制学校颁布法案。建立和维护的任务被分配到学徒制学校所属的地方政府，而监管职责由当地的教育、贸易和行业的主管部门共同行使。19 世纪下半叶是在国家的四个主要城市极大推动公立大学的基础时期。从 1875 年起，首都被正式命名为布达佩斯，而首都城市大学就有四个学院（神学、法律、医学和文科）。1871 年，科技大学也宣告成立。

图 2-2　布达佩斯技术与经济大学

尽管取得了这些实质性的进展，但是匈牙利教育系统仍然是高度选择性和歧视性的。它维护了一种在完成小学四年教育之后的另外四年的初级中学教育（polgari iskola）。这些学校几乎只征募儿童，实际上是一个"教育死胡同"，因为没有给就读的学生进入高等教育阶段的权利，这些学校只能颁发满足工作要求的资格证书。在某种程度上，这个国家的政治和经济精英们对这些学校的教育及文化保持垄断。

在接下来的 20 世纪，随着国家经济和文化的发展，在科学、技术以及在不同分支的艺术领域，匈牙利产生了许多杰出的学者、创造性的艺术家和企业家，他们中的许多人闻名世界。但遗憾的是，第一次世界大战的爆发突然打断了这个上升趋势。

五、一战与二战之间

第一次世界大战导致匈牙利诞生了领土修正主义，并激发了新国家主义的、在喀尔巴阡盆地的霸权匈牙利文化。当时的教育部长说："如今，不是剑而是文化将保障我们的国家。"这个概念在实践中催生了一项雄心勃勃的教育和文化政策，超过10%的国家预算拨付给教育和文化。在全国范围内，数以百计的学校被建成，学术活动和科学研究也被大力鼓励和推动，年轻有才华的学者都持有一个外国奖学金计划。

第二次世界大战，匈牙利参与希特勒德国计划，并在1944年3月通过了德国军队进驻匈牙利的法律，在学术和教育领域深刻影响了犹太血统的学者、教师和儿童。很多人死于集中营，但有一些人在战争爆发前离开了匈牙利，到美国避难。这些人包括许多伟大的学者，有物理学家如 Neuma，后来他在流亡外国时取得了颇具影响力的国际声誉。有一些人如作曲家贝拉·巴托克（Bela Bartok）离开匈牙利仅仅是因为他们无法忍受40年代令人窒息的政治氛围。

六、二战的后果与共产主义时代

第二次世界大战对经济和教育造成了严重破坏。为了废除"旧政权""统治阶级"的政治和文化特权，新兴的政治势力达成包括教育系统在内的向全面民主社会转型和加强公共管理的必要性的共识，并奠定民主社会框架的基础。1945年夏末，第一个措施是推出在八年强制免费教育的原则基础上建立单一的公立学校，称为一般学校。这些机构教学的主要目标是，在无关社会和文化背景下对所有学生教授相同的基本知识。中学教育也经历了一个激进的重组过程，它和多样化的中等教育机构合并成单一的四年中学。1948年学校公有化，教会不再负责公共教育领域。

与此同时，50年代见证了国家大力实施彻底根除文盲的计划，中学和大学向妇女和年轻人适度地打开大门。学生数量急剧增加导致其只能参加二次文法学校，该类学校也被称为一般中学，越来越多的学生毕业后却不能进入高等教育阶段，离开了教育系统没有获得专业资格，但也不愿意接受任何蓝领工作。

这段时期的职业教育也发生了一项大转变。频繁的变化影响其教育结构，并且所有内容的审查旨在满足过度工业化步伐所产生的大量劳动力需求，主要是重工业，要求大型企业必须拥有生产单位资质。50 年代末，引入的理工教育是最后一个不成功的尝试，它把一般教育和培养实用技能汇集在单个类型的中等教育机构，所有这些举措均未能达到预期的结果。

1956 年 10 月的革命，在教育领域也催生了一些新鲜的想法。尽管如此，民主、多元原则，寻求共识对话与有关的利益被系统地排斥，任何向世界开放的新思想都严重受阻。在几个领域反复出现的失败，导致 1961 年采用了新的公共教育法律。新的法律基本上是公共教育的结构，通过建立四年的中等职业学校和三年的职业学校，建立了一个明确的划分普通教育、职业教育和培训的规则。这两种类型的机构构成也不是一成不变的，今天的学校建立职业教育，其中一个新的重大发展是进一步增加义务教育的年龄限制到 16 岁。

七、1949 年之后，高等教育也经历了一系列的试验和实质性的变化

在社会主义重组时期，匈牙利政府采取措施实现对高等教育的绝对控制，严格实行对工人和农民学生的配额比率的规定，学生的社会和家庭背景是主要的选择标准。政府在 1952 年投入大规模的教育支持，使其生源扩展到工人阶级或具有农民背景的学生，建立夜校和函授课程，便于成人参与高等教育，促进妇女的招生等。

八、1989—1990 年的政治变革

1989—1990 年的政治和社会的全面转型，给了国家一个追求民主化、现代化的教育和培训系统的强大决心。教育必须提供足够的资源来应对源自发展中的新政治、经济和社会条件的挑战。1993 年的公共教育法案规定，包括由教堂、法律实体或家长个人自由选择学校等方式成立一所学校的权利。严格禁止一切形式的歧视。该法案的基本结构虽然严格控制公共教育、学校建立职业教育和培训的资格并规定了义务教育的时间，但是提供了可供选择的机会。

当地政府选举产生的人负责定居点的学校运营，在政府的监督下也负责教育机构的部分融资。这些解决方案创建了一个基于民主管理的公共教育系统，这在欧洲是独特的，每一次评估和创新的传播都在全国范围内推动教育质量的

提高。

1995 年开始逐步采用全国核心课程，1998 年开始以一步到位的整体现代化的内容和方法实施一种实质性的公共教育。国家核心课程对规模和内容设置的通用标准主题是教学，全面建立了一个有关教育工作的基本目标和内容的框架，同时授予学校和教师实质性的自主权，选择基本方法和教学工具以获得预期的效果，从而给教师们足够的空间来开发或适应创新的方法和工具。

九、现阶段

1993 年的高等教育法案规定，高等教育的原则是民主以及高等教育对外开放的高度自治，给予高等教育空前扩张的信号。

基于教学实践的教育政策的制定与 20 世纪初全球化的影响相耦合。在前所未有的快节奏的技术进步下，该行业正目睹一个有着越来越大的压力、深远的转变和快速适应社会、经济、技术和人口的需要的现实。

第二节　博洛尼亚进程之前的匈牙利高等教育

匈牙利高等教育系统框架内的博洛尼亚进程开始于 2004 年。目前，前博洛尼亚方案和现博洛尼亚方案并列进行。匈牙利在引进博洛尼亚式培训之前就存在高等教育体系，并且有明确的入学要求预备体系以及为获得文凭而做的准备（车如山，2013）。

一、高等教育的入学要求

根据 1993 年第 80 号《高等教育法》，接受大学（非大学高等教育机构）和大学研究生教育的基本要求是具有匈牙利中学毕业证书（Erettsegi bizonyitvany）或外国同等学历。中学毕业证书是在 8 年的初等教育之后，在综合/学术中学（gimnazium）或职业中学（szakkozepiskola）接受 4 年的中等教育后颁发的。必须指出的是，12 年的学习时间可能被分为 4 年初等教育+8 年中等教育或 6 年初等教育+6 年中等教育。除了一些例外，高等教育机构的录取是基于申请人的中学成绩和竞争性的入学考试成绩。

二、高等教育机构

匈牙利高等教育是由大学（egyetem）和学院（fiskola）组成的双系统。大学在一个以上的学科领域内组织课程，从事科学研究活动，并拥有博士/DLA认证课程。大学会在某一学科或某一艺术领域举办多项培训课程。匈牙利高等教育机构是国家承认的自治的国家或非国家机构，1993 年第 80 号高等教育法的附录列出了所有高等教育机构名录。

三、认可及质量保证

1993 年成立的匈牙利认证委员会负责对高等教育机构的教学和研究质量进行认证和评估，评审委员会至少每 8 年评估一次高等教育机构的教育及研究水平（院校评审），其依据是该院校详细的自我评估和访问委员会的报告。匈牙利认证委员会还审查课程、资格要求以及学术人员和教学设施的质量（方案认证）。

四、学位和学历

匈牙利的大学和学院按照两种模式授予学位。分别是"fiskolai oklevel"（大学学位）和"egyetemi oklevel"（大学学位）。大学培训需要至少 3 年，最多 4 年，而大学学习需要至少 4 年，最多 5 年（少数几个例外是医学课程，学习时间需要 6 年）。学生通过期末考试完成学业，考试内容包括答辩准备和资格要求规定的口头或书面考试，某些课程还包括实际工作表现。

高等教育机构还提供两种研究生课程。第一种，高等专业学位可以在学院或大学毕业后授予。这些高等学位课程将产生新的资格证书，研究时间 1 ~ 3 年。第二种，大学提供博士学位的培训，这是目前匈牙利唯一的科学学位。申请博士培训的条件是已获得匈牙利大学学位或国外同等学历，高等教育机构把入学考试和附加标准（如专业经验）联系起来，培训时间至少为 3 年，培训结束后根据不同领域授予哲学博士（PhD-doktori fokozat）或文科博士（DLA-mester fokozat）学位。

五、信用体系

2003 年 9 月，ECTS（European Credit Transfer and Accumulation System，简称 ECTS，欧洲学分互认体系）兼容学分制开始实行，但一些高等教育机构从 20 世纪 90 年代中期就已经在使用它了。根据政府关于引进学分制的法令，1 学分相当于 30 小时的学生工作量。大学学位的最低学分是 180 学分，大学学位一般是 240 学分，高等专业学位是 60 学分，博士学位是 180 学分。

六、系统的评估

对知识的评估一般分为 5 个等级：优秀（5）、良好（4）、满意（3）、通过（2）、不及格（1），或分为优秀（5）、满意（3）、不及格（1）。

七、学制

一般来说，高等教育机构的学年包括两个学期，即秋季学期和春季学期。秋季学期一般从 9 月初到第二年的 1 月底，春季学期从 2 月初到 6 月底，两个学期都包括 15 周的授课、研讨会、实践工作以及 6 周的考试。

第三节　博洛尼亚框架下的匈牙利高等教育

一、加入欧盟对匈牙利教育的影响

"博洛尼亚进程"（Bologna Process）是欧洲面向新世纪的高等教育改革计划，此进程于 1999 年由 29 个欧洲国家在意大利博洛尼亚共同提出。"博洛尼亚进程"的总目标是：整合欧盟的高教资源，打通教育体制。到 2010 年，签约国中任何国家的大学毕业生的毕业证书和成绩，都将获得其他签约国家的承认，大学毕业生可以毫无障碍地在其他欧洲国家申请学习硕士阶段的课程或者寻找就业机会。此进程旨在实现欧洲高教和科技一体化，建成"欧洲高等教育区"。匈牙利经济转轨顺利，已基本完成私有化，军事上加入了北约，政治上和经济上加入了欧盟。加入欧盟对其教育的主要影响有：

（1）获得教育资金。欧盟预算的10%左右为社会发展基金，大部分用于成员国的教育和职业培训，主要投向欠发达成员国。这项基金数额可观，对匈牙利缓解教育经费短缺问题关系重大。

（2）获得科研经费。欧盟内部有大量科研项目和研究经费。匈牙利作为其成员国更容易申请到重大项目，分享研究经费和成果，这对其高等院校的发展和科研水平的提高至关重要。

（3）提高教育质量。欧盟设有教育指导机构，成员国接受其指导和资助，有助于提高欠发达成员国的教育质量。

（4）互相承认学分、学位。欧盟成员国之间相互承认学历。这有利于人才流动、跨国就业、就学，即方便教师增加个人收入和学生出国留学。但成员国之间的收入水平存在差异，也给匈牙利带来潜在的人才流失问题，政府面临教师加薪的压力。

（5）促使专业、课程设置改革。匈牙利教育融入欧盟大环境，促使其调整、改革专业和课程设置。匈牙利的大学校长和教授对此大多持肯定态度。

（6）扩大高校和校内院系自主权。欧盟成员国的教育行政部门和学校行政系统的权限更多地转向学校和校内院系。

二、匈牙利为加入欧盟在教育方面采取的措施

匈牙利为加入欧盟在教育方面采取了一系列措施以符合欧盟的要求，主要有：实行学分制，使其学分为欧盟各成员国所承认；提高大学综合实力，减少数量，扩大规模，将全国90余所大学合并成30余所；鉴于欧盟国家学生上大学无须专门考试，已于2002年取消高考等。从这些措施看，欧盟对其成员国在教育方面的要求属于体制性和机制性要求。

对于调研中重点问及的匈牙利加入欧盟是否会影响其维护教育自主权、保持其教育的民族性这一问题，其教育部副国务秘书（副部长）明确回答，欧盟不干预成员国的教育自主权，各国可保持本国的民族传统。专司欧盟事务的教

育部官员提供的文件表明，欧盟有关条约中涉及教育的条款规定，成员国可自主发展教育。大学校长和教授也不认为入盟（欧盟）会带来这方面的问题。匈牙利于 2006 年 12 月正式加入申根区，加入申根区对高等教育的影响巨大。

三、"欧洲高等教育区"启动的影响

2010 年 3 月 11 日至 12 日，博洛尼亚年度高教（高等教育）部长会议和第二届博洛尼亚政策论坛先后在匈牙利首都布达佩斯和奥地利首都维也纳举行。会议期间，47 个欧洲国家的教育部部长共同通过《关于欧洲高等教育区的布达佩斯—维也纳宣言》，宣布"欧洲高等教育区"正式启动。欧洲高等教育区是欧洲"博洛尼亚进程"10 年来努力的重大成果，也是世界高等教育界的重要变革，它的启动将给国际高等教育发展带来重要影响。

根据公布的"博洛尼亚进程"的独立评估报告和利益相关者评估报告，欧洲各国的高等教育机构、教职员工和学生越来越认同"博洛尼亚进程"在实现欧洲高教改革目标方面取得的进展。可以说，"欧洲高等教育区"的正式启动标志着"博洛尼亚进程"迈向一个新的重要的历史起点。可以推断，欧洲将继续沿着这条道路不断探索，它必将增强欧洲高等教育的国际竞争力，对世界范围的高等教育产生重大影响。但是，报告同时显示，各国在学位、课程改革、质量保证、学历文凭认证、流动性和社会层面的改革上落实程度不一，某些预定目标并未完全实现。

二战后的欧洲，特别是 20 世纪 70 年代以来，享受高等教育一直被视为人的基本权利。欧洲大学缺乏市场机制，费用在很大程度上依赖政府资助。博洛尼亚年度高教部长会议《宣言》仍然重申，高等教育是公共责任所在。其弊端在于政府为了发展教育会不停地敦促大学扩大规模，却不能提供足够的经费支持。欧洲大学普遍存在经费不足的问题，欧盟国家高等教育经费平均只占 GDP 的 1.1%，比美国少一半还多。

另外，欧洲大学缺乏灵活性，大学课堂规模大、师生比高、设施陈旧、校园缺乏活力。教授难抵美国大学乃至亚洲大学高薪的诱惑，高水平师资流失严重。此外，欧洲内部发展相当不平衡，中欧和东欧一些国家教学和科研条件不断恶化，东欧和西欧之间的教学质量也存在巨大差距，文凭不可能做到真正

等值。

二战以后，欧洲各国逐步衰落。英、法、德等传统大国在硬实力上已无法单独与美国抗衡，而且还面临着中国、印度等新崛起大国的挑战，欧洲各国必须通过整合，依靠联合起来的力量来捍卫各自的利益和彰显欧洲在世界的地位。欧盟在欧洲内部推动"欧洲认同"，在欧洲以外推动"认同欧洲"。

从教育领域来看，在欧洲内部，欧盟积极推动"博洛尼亚进程"，倡导建立知识的欧洲，强调欧洲文化趋向，大力推动欧洲高等教育"一体化"，对内实行资源共享，通过推动区域内的高等教育国际合作来应对全球化带来的挑战。在欧洲外部，大力倡导欧洲教育体制和提高欧洲高等教育机构的知名度以扩大对国际学生、学者的吸引力，积极推进世界"伊拉谟斯计划"（又译为"伊拉斯谟世界项目"）、"亚洲链接"项目等，目的在于扩大欧盟对各国的影响力，将博洛尼亚进程的价值观和做法推广到全世界，建构有效的欧洲认同，树立欧洲文化、文明的优越形象，确立和扩大欧盟的软实力。

同时，会议《宣言》明确指出，要建设一个以信任、合作和尊重文化、语言以及高等教育体系多样性为基础的欧洲高等教育区。欧洲高等教育改革始终强调保留各国的传统，尊重多样性。欧洲学制改革尽管努力与美国、加拿大、澳大利亚等国的学制兼容，但绝非照搬抄袭、抹杀各国特色或将欧洲的高等教育改造成美国式的高等教育。况且欧洲高等教育区的推行本身就有一系列特色，如建立学校、国家、地区三级质量保障体系；建立正规与非正规教育相互沟通、持续与间断学习相互结合、正式与非正式学习成果相互折算的弹性学习制度；促进高等教育的欧洲维度，尤其是课程开发、校际合作、流动计划及学习、培训与研究项目的整合、提倡终身教育等。

从与会国家和代表的发言可以看出，欧洲的做法已经引起了国际高等教育界的充分重视。共有72个国家参加博洛尼亚政策论坛，美国、日本、加拿大、澳大利亚、巴西、印度、南非等国都派出了代表团出席，联合国教科文组织、经济合作与发展组织、国际大学学会等世界范围的国际组织一同到会，中国也首次从国内派出正式代表团出席会议。会议结束后发表了历史性的《博洛尼亚政策论坛声明》，宣布了一系列欧洲高等教育区内国家与非欧洲国家保持长久战略对话的重要措施，如建立联系人制度，召开一系列后续活动会议等。美国联邦教育部副部长在发言中也表示，要认真学习"博洛尼亚进程"的经验。

从会议内容看，已经远远超出了对欧洲内部教育问题的探讨。第二届博洛尼亚政策论坛的主题和2009年4月在比利时鲁汶举行的第一届论坛相同，都是"构建全球知识社会：高等教育体制和机构的变革"。三个分议题分别是"高等教育在全球知识社会中的作用：如何应对多样化期待的挑战""人才外流—人才回归—人才循环：前景和不同的现实对社会和高等教育意味着什么""合作与竞争：在国际高等教育界出局还是共存"。各国代表一致认为，为了解决重大社会挑战，需要不同地区的高等教育和研究机构更加紧密的合作。同时，应加强教研机构、教师和学生间对话，特别要促进全球学生对话。

第四节 匈牙利高等教育状况

一、匈牙利高等教育基本数据

从1990年起，除公立大学、公立学院外，还存在教会大学、教会学院、私立和基金会大学（学院）。截至2006年，匈牙利的高等教育机构分大学和学院两类。学制方面：学院3~4年，大学4~6年，医科大学7年。

新千年（2000年始）早期匈牙利高等教育统计数据如表2-1所示。

表2-1 新千年早期匈牙利高等教育统计表

	2001—2002	2002—2003	2003—2004	2004—2005	2005—2006
大专院校数量（个）	65	66	68	69	71
教师（人）	22 863	23 151	23 288	23 787	23 188
学生（人）	349 301	381 560	409 075	421 520	424 161
其中：					
专业训练生（人）	4 475	6 128	7 219	9 122	10 498
大学生（人）	117 947	124 606	133 274	138 169	138 994

	2001—2002	2002—2003	2003—2004	2004—2005	2005—2006
大专生（人）	195 291	216 581	233 673	240 297	226 566
专业培训生（人）	24 558	26 815	27 074	25 991	25 066
博士生（人）	7 030	7 430	7 835	7 941	7 965
全日制学生（人）	184 071	193 155	204 910	212 292	217 245
外国留学生（人）	8 088	8 184	8 850	9 302	10 072
女生比例（%）	53.8	53.8	53.7	54.1	53.5
国家拨款教育比例（%）	90.6	84.4	82.9	80.6	80.3
住宿生比例（%）	25.5	24.7	24.5	22.9	22.0

表 2-2　大专院校报考和录取数（全日制）

	2001—2002	2002—2003	2003—2004	2004—2005	2005—2006
报考人数	84 380	88 978	87 110	95 871	91 583
录取人数	49 874	52 552	52 703	55 179	52 863
录取比例	59.1%	59.1%	60.5%	57.6%	57%

　　1999 年，匈牙利与欧盟各教育部部长共同签署《博洛尼亚（Bolognai）宣言》，即欧洲高等教育范围纲领宣言。《宣言》的基本目的是，为享受高等教育的人提供三个阶段的学习机会和建立欧洲统一的学分制。

　　第一个阶段为打基础阶段（相当于以前的学院水平）：学期 3 到 3 年半。这期间需获得 180 到 210 个学分（1 个学分相当于 30 个课时），毕业时获得学士学位（理科学士 BSc 和文科学士 BA）。这段教育有两个要求：为学生今后的继续深造打下基础；同时让学生掌握步入劳动市场时所必需的实践专业知识。

　　第二个阶段（相当于从前的大学水平）：得到学士学位的学生如果想继续深造，可凭学士毕业文凭报考为期两年的高等教育机构，这期间需获得 120 个学分，毕业时获得硕士（理科硕士 MSc 和文科硕士 MA）文凭。

　　第三个阶段（为期三年的博士生阶段）：这期间需获得 180 个学分，毕业时获得博士（哲学博士 PhD 和文科博士 DLA）文凭。

为期 6 年的医科大学（医生、兽医、药剂师和牙科专业）和为期 5 年的法律大学不颁发完成基础阶段的学士学位文凭。

匈牙利自 2003 年起推行学分制。2006 年起实行三个阶段模式的高等教育制度。这种制度的优越性在于：

（1）学生可以自己掌握学习进度。如第二个阶段通常为 2 年，有的学生在 2 年之内没有获得 120 个学分，他可以用两年半或 3 年的时间取得 120 个学分，满 120 学分学校就会颁发毕业证。当然国家并不主张延长学习期限。

（2）避免老教育制度的一些弊病。比如，过去学生一门课不及格，就得重读半年。而现在学生可继续学习，只需在下学期补上这科的学分。

（3）现行的制度规定，学分不一定要在本学校获得，也可在其他学校或欧盟其他国家的高教机构获得。

（4）顺应社会进步和科技发展，淘汰老专业，增添新专业。仅 2006 年就增添了 101 个新专业。

二、匈牙利高等教育制度

匈牙利第一所公立大学"佩奇大学"成立于 1367 年。1769 年，布达佩斯医科大学成立。由于政府教育部门和社会各界的鼎力相助，匈牙利的高等教育为来此学习的各国学生提供了一个舒适的环境和施展才华的平台。

（一）教育体系

匈牙利的高等教育体系包括大学和学院。这种双向体制得以发展是因为相比于大学里相对理论化的课程而言，社会有时可能更需要专业性培训以满足更多的实际要求。除可获得大学和学院的教育外，还可获得专业学位。大学教育结束后，还可以获得哲学博士学位。学院教育授课时间为 3~4 年，大学教育为 5 年（某些为 6 年），哲学博士课程授课时间一般为 3 年。

匈牙利的高等教育机构大多由国家经营。然而，由教堂经营的（主要为神学领域）和国家承认的私营机构数量也是可观的。匈牙利的高等教育也为那些母语不是匈牙利语但想学习匈牙利语的人提供服务。有一所特别机构接受此类申请人，还有几所较大型的大学独立或联合提供匈牙利语预备课程。在匈牙利，高等教育机构是指公立大学、私立大学、宗教大学以及国家认可的专科学校。他们各有所长，在专门的领域内组织课程教学。从另一角度划分，高等教育机构包括大学级机构、非大学级机构及一些提供高等职业课程培训的机构。

（二）入学条件

所有高等教育机构都要求申请入学者必须提供中学毕业证书。某些特定专业对申请者筛选更加严格，要求他们提供更多的资格证明，如外语证明、特殊专长、其他资格等。

（三）学位

匈牙利的大学和学院按"双向模式"授予学位，大学毕业学位与登记学位相一致。为简化学位比较，高等教育法允许匈牙利高等教育机构的毕业生在完成学院的学习后获得"学士"学位，而完成大学的教育后获得"硕士"学位。匈牙利新的博士学位在各方面与国际上所承认的哲学博士学位相一致。后大学和后学院专业课程是相对较新的学位。

高等教育文凭具有双重功能，既是学术水平证书，又是职业资格证书。在专科学校顺利修完3~4年非大学教育课程的学生可以获得大专文凭。在大学或同级教育机构顺利修完4~6年课业的学生将被授予大学文凭。高等职业教育机构的学生经过两年的非大学高等职业教育培训，在通过高等职业资格考试后，就可以获得高等职业资格证书。

（四）学年

一学年包括两学期。秋季学期（15周）开始于九月中旬，圣诞节结束，考试从12月下半月持续到第二年的1月末。春季学期始于2月初，5月中旬结束，夏季考试持续到6月末。这两个学期大学和学院规定了各为期1周的秋假、冬假和春假。

（五）学习规则

匈牙利政府批准学位的总体要求，大学和学院制定详细规定。学位证书有双重作用，既证明学术又证明专业资格。大学和学院在课程中确定具体要求（参加课堂、研究、夏季实践等）。统一的体系由评分制确保，其中5分（优秀）为最高分，1分为最低分（不及格），目前学分制的应用越来越广泛。

（六）转学

匈牙利的大学和学院不仅招收一年级的外国学生，而且招收在不同阶段学习的高年级学生。虽然没有适用于学生转学和学分迁转的通用规则，但一个基本的要求是国外的大学或学院及学历（证书）应由所在国认证（或承认），对于其他方面，高等教育机构将自行决定。

（七）外国学生的法律地位

外国学生的地位与匈牙利学生相同，《高等教育法》里没有任何条例对外国学生进行排斥。在许多有较多外国学生的大学和学院里，外国学生在学校委员会和学生组织里都有代表。他们一旦被招入学校，就和匈牙利学生一样享受较低的旅行费用和其他服务（如博物馆、游泳池和体育赛事等的门票）。

（八）匈牙利学历在国外的承认

匈牙利有几所高等教育机构与其他国家的高等教育机构联合向外国学生授课。匈牙利已在欧洲签订了几个多边协议，并与几个国家签订了有效的双边协议。此外，匈牙利还和欧洲以外的国家签署了重要协议。

匈牙利教育部每年都为公共学院和大学建筑的维修和保养投入大量资金，同时政府要求中央财政通过提供拨款、贷款、工作援助、税务信用证明以及折扣的方式来帮助学生解决中等教育后继续进行高等教育的问题。当外国学生由于对匈牙利的教育制度和入学条件不清楚而不知如何选择学校的时候，政府教育部可提供信息，以帮助学生进行选择。

对于来匈牙利学习的个人或公派学生的费用到底值不值的问题，很多来自伊朗、德国和挪威的学生最有发言权，他们可以谈论在这里学习的感受，并建议首选到匈牙利学习。一般人不了解这个常识，即匈牙利高等教育可为外国人提供一系列用英语和德语讲授的课程。另外，供学生和学生家长参考的信息是：匈牙利大学著名的课程是医学、兽医学、牙医学、药物学、建筑学、工程学、经济学、人文科学和文学等，在这些领域里都有其教学特色和强项。而且上述领域的课程都是欧盟和美加（美国、加拿大）地区认可的，同时很多人认为匈牙利高等教育的重点在于其 PHD（哲学博士）课程。

外国人喜欢选择将匈牙利作为自己接受高等教育的目的地的原因是：其

一，无论学习费用还是生活费用，匈牙利都要比其他欧盟国家低很多；其二，匈牙利大学可提供丰富和独特的理论知识，这对于科学研究者来讲是最基本的要求；其三，由于有欧洲高等教育"一体化"的支持，在匈牙利大学和学院接受高等教育所获得的学分，在欧盟所有国家内可以相互转换，从而保证了文凭含金量。

三、匈牙利的重点学科

匈牙利的重点学科包括商务和经济学、会计、财政、金融、审计、旅游、艺术管理、酒店管理、工商管理等专业，这些学科已经成为匈牙利各大院校面向国际社会开辟的受欢迎学科，众多院校与英国、法国、荷兰等国际知名学校都有合作。现在学生毕业后获得上述国家及匈牙利两国颁发的"双学历、双文凭"证书，成绩优秀者可以参加"欧盟奖学金计划"，前往上述国家继续学习深造。

（一）文科

文科是匈牙利高等教育入学最多的领域，传统人文科学、现代广告学毕业生社会威望和地位不断提升。随着欧盟国际化和地区化程度不断加强，区内机构、国际组织和跨国公司对于商务公关和市场调研方面的人才需求旺盛并长期存在，因而是外国学生选择的新的学科范围。

（二）医学和健康学

匈牙利医学具有领先世界的声誉，在医学科技领域为世界建立了传统医学、牙医学、兽医学等基础教育学科，除此之外还形成了独立的面向大众服务的营养学、健康学和心理学。在国外，传统牙医和妇产科医生收入水平最高，匈牙利也不例外，位于奥地利边境 20 千米的匈牙利首普龙地区，牙医为病人制作一颗普通假牙收费标准大约为 200 欧元，高于布达佩斯 2~3 倍以上。由于匈牙利牙医收费远远低于西欧发达国家水平，因此带动了牙医旅游事业。这方面首选院校是佩奇大学人力资源与成人教育学院 FEEK（旅行）医学预科班。

（三）信息技术

匈牙利信息技术和科研人员创造的科学成就及发明举世公认，主要归功于领先世界的教育质量，当今世界上 90% 的电脑使用英特尔微型处理器，而这正是英特尔前总裁匈牙利移民安迪·葛洛夫（Andy Grove）设计、生产和经营的产品。过去 10 年，包括美国微软在内的世界知名大公司纷纷在匈牙利设立研发部门。为世界培养了 5 位诺贝尔奖得主的布达佩斯经济与技术大学（BME）已与跨国公司 100 强中 23 家大企业如西门子、奥迪、通用电气、IBM 等签有合作框架协议，为世界研发高科技产品。优秀毕业生有机会获得高薪和担当大公司领导。

（四）农学

农业学、葡萄种植技术、葡萄酒制造、畜牧业、养殖技术等领先国际水平，农业工程师中园艺工程师和林业工程师市场需求大，食品工程师收入最高。匈牙利农业以绿色农业著称，作物栽培技术居世界先进水平行列。

（五）艺术

艺术类院校享有广泛的国际声誉，如布达佩斯美术大学、李斯特音乐大学、电影学院、舞蹈学院等。培养了获奥斯卡奖的电影导演米哈伊·凯尔泰斯（Miháky Kelheis）、伊斯特万·萨伯（Istvan Szabo），英国电影业决定性人物、伦敦电影工作室创建人科道尔·山多尔（Corolol Sandor）；画家拉斯洛·莫霍伊·纳吉（László Moholy-Nagy）；作曲家弗朗茨·李斯特（Franz Liszt）、柯达伊·佐尔丹（Kodály Zoltán）等知名人物。在匈牙利，长期以来由国家对艺术和文化进行扶持，但目前已经出现国际性的组织，在国际交往中发挥着非常重要的作用。

李斯特音乐学院成立于 1875 年 9 月 14 日，它是匈牙利第一所高等音乐教育机构，著名音乐家弗郎茨·李斯特担任首任院长和钢琴教授，它也是世界上唯一将奠基者遗训保持到现在的学校。100 多年来，李斯特独特的教学理论和严谨的办学作风使其培养了诸多世界一流的音乐家、作曲家、演奏家和指挥家，如指挥家乔治·索尔迪（Georg Solti）爵士、钢琴家安德烈希夫、德国爱乐乐团建团者、哥伦比亚唱片社第一张唱片的音乐家、录音师等都来自李斯特音乐学院。蜚声世界的《但丁交响曲》《匈牙利狂想曲》《浮士德交响曲》均是由匈牙利伟大的音乐家和钢琴家李斯特制作的。

四、欧盟框架下的匈牙利高等教育

在欧盟合约背景下建立的知识型社会的挑战经常在匈牙利高等教育领域引发一系列新功能和相关需求的问题。因此，匈牙利高等教育管理的主动改革是"博洛尼亚进程"原理的必不可分的形式，目前改革的总体目标是通过对所有高等教育机构的教师和学生预备与欧盟具有高度一致性和兼容性的高等教育服务，从而使匈牙利高等教育进入欧盟高等教育领域。

（一）教育政策的总体目标

①欧盟学位认证原则的预备措施；

②在各高等教育课程中以 ECTS 为基础的学科项目和特制的学分系统的预备措施；

③加强鼓励（国际和国内的，地理位置上和学术层面上的）学生交流；

④支持欧盟高等教育合作框架中的质量管理政策；

⑤增强与社会团体和劳动力市场（雇方）的合作；

⑥更新教育内容，更多地关注教育、研究和经济间的内在联系；

⑦作为高等教育机构整合的结果，拥有多个院系的大学和学院取代了原先分散的系统，通过公共机构整合达到的预期目标之一是为学生提供广泛的学习资源，另一个目标是减少培训中地区之间的差异性；

⑧在高等教育中提高培训组织的透明度并引入标准化准入系统。通过完善开发 ECTS 兼容信用系统，确保更好地计划学习途径和灵活选择特殊教育，在公共机构之间提供纵向和横向转移的可能；

⑨在高等教育中建立真实的标准化理财系统，以 IT 为背景实现运作和管理的标准化；

⑩通过不同期限和不同还款方式来扩展国家低息助学贷款框架。

在匈牙利政府议案中，教育政策始终占有优先地位。政府将教育政策视作促进经济发展和保持社会稳定与健康的主要手段。人们坚信，经济发展依赖于懂得先进科学知识和具备较强竞争力的合格劳动力，并且其素质须不断提高。只有在这种前提下，匈牙利将来才会取得成功。教育就是要为社会培养这样的合格劳动力。

（二）教育政策的优先地位

未来的发展在很大程度上取决于政府如何协调各个部门的发展方向，如何把教育政策的基本原则贯穿始终。教育的优先地位主要体现在：

①提高人口素质是匈牙利教育政策的核心；

②在接受教育方面，人人机会均等；

③教育是知识经济的资本，也是经济发展的先决条件之一。

④匈牙利教育部对其承认的公立、私立高等院校定期进行办学质量认定（accreditation），以监督、保证学校的办学质量。

（三）办学质量的认定

认定不同于评估（evaluation）。评估是对学校实力作出综合评价或排名，可由官方或民间机构进行，其结果主要是影响学校的声誉。认定是教育主管部门监督和检查学校办学是否符合一定标准或达到一定水平，未能通过认定且未能按要求改进的专业/学科，院系直至整个学校都将被取消授予学位的资格，以致无人报考。认定的结果与教师及学校的"生存"相关。

匈牙利每7年对高等院校进行一次认定，教育部门设有专门委员会，委员会下设学科专家组。认定按学校自鉴、专家组核查和委员会出具认定报告的程序实施。

委员会由教育部门官员、专家教授和社会代表三部分人士组成。成员人选由教育部通过建议和协商确定，也可聘请国外专家。委员会的职能主要是汇总各学科专家组对学校自鉴报告的评价，出具认定报告并向社会公布。

学校的自鉴报告是全部认定工作的基础，按专业/学科—院系—学校的顺序层层向上集中，最终形成学校的自鉴报告。各专业/学科的自鉴又是学校自鉴的基础。自鉴内容包括以下几方面：

课程设置：包括教学目的、教学大纲、教学内容等。

教师水平：包括教师人数、学位、职称、教学效果、科研能力、指导论文水平、兼任国外客座教授等。

科研水平：包括科研项目、成果，发表论文、专著等。

学生水平：包括学习成绩、外语能力、毕业论文、科研成果等。

近年招生情况：包括报名人数、录取人数、录取质量等。

办学条件：包括教学、科研设施、软件和硬件水平等。

发展规划：包括近期、远期目标，实施方案等。

国际交流：包括教师出席国际会议、在国外大学兼职任教或工作、在国际学术机构任职、参与国际科研项目、获得国外基金和研究经费等。国际交流水平可直接体现教师水平、科研水平和学科/学校地位。

第五节　匈牙利教育与培训系统

一、教育与培训系统

教育和职业培训部门仍然是匈牙利公共就业最大的雇主。在没有考虑行政人员的情况下，教师受雇于公共教育的人数约有 16.5 万人，但近年呈持续下降的趋势。因此，学龄人口数量在入学儿童学前教育和学校教育中没有体现相应数量的教学人员，师生比是经合组织国家中最小的国家。

二、教育与培训系统

尽管匈牙利在教育和培训几方面做出了切实的成就，但是据测量教育和培训关于效率和公平的基本国际指标显示，匈牙利在这些领域的性能与大多数经合组织国家相比处于停滞不前或下降状态。

教育和培训有着最显著的进展，这正是匈牙利社会改善人口教育取得的成就。虽然基本的人口趋势反映为稳定、缓慢下降，但是在过去的 20 年数量和比例发生了令人印象深刻的增长。目前超过 85% 的相关年龄人群参加高级中等水平的教育，特别是在年轻人群体中接受初中教育的国民比例至少已经翻了一番。

高等教育的扩张更加显著。尽管只有 10 年的间隔，但是接受全日制大学或学院课程的年轻人已经翻了两番。毫无疑问，这种发展不仅反映了对劳动力需求的增加和更高的资格要求，而且这是一个明显的证明即社会作为一个整体和个人获得更好的知识和技能的愿望。即使现代化教育的内容和方法并没有跟上扩大高级中等教育和高等教育的步伐，但是在教授关键的能力和获得特定的技能方面，已经取得了明显的进展。

在公共教育领域，取代地方强制和中央强制的课程。一个国家的核心课程（National Core Curriculum，即 NCC 在 1998 年生效，每三年修订一次）作为一个全面的框架，向全国提供了基本取向、原则和目标以及用概念和方法来指导所有的公共教育机构，并且为分配课程时间百分比和总课程时间提供了建议。因此，对于每个年级它所授予国家层次上的内容和方法论一致性，而它赋予个体学校相应的权力，自由开发教学计划和适合他们特定需求和潜力的地方课程。为了进一步发展基本概念和两个核心课程，NCC 开始生效。

图 2-3　学生学习空间

在内容方面，学校建立职业教育也经历了重大的变化，即开发和建立新的国家职业资格登记（National Register of Vocational Qualifications，NRVQ）最令人称道的特点之一就是采用了新的寄存器。

三、教育与培训系统的发展

职业教育主要的发展是建立高等职业教育（ISCED 4）。职业培训需要在两个附加年之后完成中学最后的考试，并引入一个为期三年的非大学高级职业培训课程。NRVQ 刚刚定位了完整的中等职业培训学校课程、课程教学大纲与新的模块。

高等教育大力实现三个周期教育和依照"博洛尼亚进程"的目标强制推行学分制改革后，为更好地适应劳动力市场的需求和技术变化，教育系统开发了新的项目和课程。匈牙利各级学校的教育已经在外语教学中取得了重大进展，并且继承了传统教育改革的优势。目前外语教学已成为所有高级中等水平类型学校教育计划的一部分，在高等教育获得一个文凭的先决条件是至少学习一门外语知识。

匈牙利教育和培训系统另一个重要的发展是提高各级数字素养教育。在过去的十年中所有机构的公共教育和高等教育都配备了电脑并开通互联网，教学人员和学生普遍使用了互联网。

引入中等学校的双轨制期末考试也考虑了针对创新内容的一部分监管措施，即允许中学生在完成期末考试后就进入高等教育，而非等待高等教育机构举办传统意义上的入学考试。这个新系统不仅促进了从第二次到第三次的过渡而且还提供了明确和更透明的入学要求，并允许候选人更好地专注于获取关键技能（读写能力、语言、ICT 能力和解决问题的能力）。

最近几年匈牙利在继续教育和在职培训方面实现了重要的变化。一方面，高等教育机构被赋予了更大的责任以提供进一步的培训；另一方面，至少每隔七年强制执行参加继续教育。根据最近的一项调查显示超过 65% 的教师参加在职培训项目。然而，这些项目主要针对补充或升级遗漏的专业知识，和教师在日常课堂实践中遇到的大部分问题并不匹配。

四、高等教育的认定体系

针对学校自鉴报告，专家小组到校实地核查，做出评价。核查内容除上述各方面外，还以不同方式听取学生意见。委员会汇总各专家小组对核查结果的评价，进而出具认定报告。报告指出学校存在的问题并进行分析，提出改进意见。认定报告在向社会公布之前，先反馈回学校。学校如有异议，可申请复核。

对未能通过认定的专业/学科、院系和学校，要求其在 3~4 年内改进，一年后复查改进情况，如到期仍不能达到改进要求，则取消其授予学位的资格。

学校可以对存在问题的专业/学科进行重组，但必须更换其主要成员，防止"换汤不换药"。

对高等院校进行办学质量认定的做法，匈牙利社会是基本认同的。匈牙利国家小且高等院校为数不多，经调整合并后，现有公立院校 30 所，私立、教会院校 26 所。教育部门、专家教授和社会人士对各学校的办学情况都比较了解。因此，这种认定对名牌、重点大学意义有限，但作为监督和保证高等教育办学质量的措施还是必要的。

匈牙利对高等院校办学质量认定的过程有以下几个特点：

（1）有社会代表参加，体现了社会对教育的重视，有利于加强社会对教育的支持。

（2）认定结果向社会公布，可增强认定的透明度和加强社会监督，避免因缺乏监督而出现弊端。

（3）专家组成员经学校认可，体现认定的民主与公正。

（4）认定报告公布前先反馈给学校，学校有权申请复核，体现尊重学校办学自主权，使认定结果更准确、公正。

（5）注重听取学生意见，反映了教育"以学生为本"的理念。

（6）对未通过认定的学校，委员会的报告指出问题，分析原因，提出改进意见，允许其在一定期限内改进。这既强调了办学质量，也使学校有改进提高的机会。

（7）认定内容对办学有导向作用。如"学生水平"一项包括科研成果，促使学校注重对学生实际能力的培养；"国际交流"一项促使学校向世界水平看齐。这些对中国深化素质教育和创办国际一流大学都具有现实借鉴意义。

五、政府财政支持

教育和培训系统所需的资金主要由国家拨付。近年来教育支出占匈牙利国内生产总值的 5.1%~5.3%。对每个接受初等教育的学生的教育支出水平大体上是均衡的，接近发达国家水平。然而匈牙利在中级和高级中等教育以及高等教育领域花了更少的生均费用。

至于公共教育（学前教育、小学、中学教育和职业教育），资金支持是按照年度议会制定的国家预算提供的，当地政府和其他学校法人（教堂、私人基金会）通常必须补充中央预算，它们的贡献占当地的教育支出总成本的30%~50%。

学校的财政拨款主要是按年度人均发放的，是根据承认机构的学生数量由当地政府承担的，政府的年度预算分配给地方当局和其他学校维护者（比如教堂、私人基金会等）。这个基本的配置是通过大量的财政补贴来实施的。这些都是作为识别特殊教育任务的拨付。在被承认的少数民族（所谓的双语幼儿园和学校）、需要特殊教育的孩子、有社交障碍的孩子、农民工子女等情况下，学校维护者就可以得到额外的资金援助以支持这些受特殊教育的孩子。学校建立职业培训是教育不可分割的一部分，公共教育体系也主要由联邦政府资助。除了政府补贴，职业培训学校和高等教育机构在更高水平的职业培训课程上是有组织的，也在获得一定额外资金的条件下，在劳动力市场中从公司的强制性贡献中获得资金。

教育和培训的原则和实践主要是向国家高等教育融资申请，这里的国家预算拨款都是通过国家人力资源部直接流向机构的。每年在校学生的数量以及在每个教育研究领域的国家训练费用是由政府和文化部部长设定提议，然而机构有权承认学生是否需要支付研究费用，目前大约有50%的学生在这一范畴内。为了创建一个更稳健的基础融资体系，高等教育机构采取了鼓励措施，这能更好地反映劳动力市场需求。成人教育是强烈供应驱动的，融资的成人教育和培训是基于共同责任的主要利益相关者（国家、用人单位和个人）。

六、教育行政构架和管理

教育和培训的政府责任、管理制度，规范发展以及实施基础教育和培训政策由国家人力资源部负责。主要包括中等职业培训的内容，并定期更新国家注册的资格以及成人培训。

在垂直管理层面，政府的教育和培训机构主要是分散的。地方当局不仅仅负责行政区域内公共教育机构的操作与管理，而且需要监督他们的教学计划是否有效实施。但批准该机构的预算和任命他们的校长还必须征求相关部门的批准。

　　国家人力资源部负责在国家层次的管理和监督层面全面管理公共和高等教育、成人教育和培训。同时，还包括学校建立职业教育和培训、中等职业学校等。

第三章

匈牙利教育战略规划

第一节　教育现状与挑战

就匈牙利的教育和培训系统而言，几乎所有国际认可的主要指标和基准认识已有一段时间停滞或在某种意义上有逐渐恶化的表现。这不能仅仅归罪于政策和决策者，导致其平庸的原因是多方面的，这一点也已经被明确界定，它们主要包括：固有的刚性系统表现得太慢、不足或只有部分能适应结构、内容和管理。一般来说，整体的治理部门必须与新社会经济、人口和技术的发展相配套。在缺乏批评教育的宏观连续性和交易政策耦合机制慢的情况下，稀缺的资金就越成为明显的弱点。

值得注意的是，继续主导或完全主导国家融资一直是关键元素。但目前其已成为明显弱点，也推迟了现代化进程。此外，出于短暂的考虑来仓促反应并非持久的解决方案，这加剧了它们本应该弥补的不足。国家相关部门已经基本认识到，修正这些弱点的一个必要前提条件是在教育和培训急需的背景下改善总体性能，构建以知识为基础的经济和社会。同样有明显缺点的是与其他管理和融资相关的领域，为此改革也是不可或缺的。2005 年以后，中期策略已经为教育（公共教育、职业教育和培训、高等教育等）开发了各种形式。在整合所有行业的背景下开展终身学习策略，同时欧洲终身学习的策略是在 2005 年 9月开展实施的。大多数的计划或措施已经被纳入第二个国家发展计划（2007—2013）。因其主要由欧盟资助，通过了欧盟的审核。

图 3-1　课堂教学

虽然很多改革都是在使整个委员会更高效，但是实际上在整个社会和教育社区，教育政策制定者面临的主要挑战是如何继续坚持对教育和培训系统弱点的改革。

一、公共教育缺乏一个单一和系统的评估与评价体系

教育和培训系统公认的一个缺点是缺乏有组织的定期检查和效率低下的学校外部评估过程。中央检查学校表现的制度应该被废除，取而代之的是当地或自我评估程序，即使整个委员会采用了这些实践措施，也不能担保教师和机构具备相应的能力，这将受一个独立的先决条件和一个有效公正的质量评价体系的影响。

二、教育不足以反映区域的需求

无论在这个领域有何进展，有效贡献所接受的社会包容仍不足，存在缺乏坚实的法律基础和适当的管理结构等问题。公共教育和高等教育的方法都是为了解决区域的社会和经济问题，尤其是帮助他们积极应对地区劳动力市场需求。

三、成年人在终身学习低参与

匈牙利是一个成年人参与终身学习的欧洲国家，特别是那些受教育程度较低的人群接受终身学习的比率是最低的。这是由多方面的原因造成的，供应驱动的非正式培训市场显然是最重要的因素，还有弱势成年人口的学习动机的不足，后天学习的技能在学校教育中不足，此外，还有缺乏主动性的因素。高等教育机构组织非正式培训课程应当特别关注区域或当地需求。

四、应对劳动力市场需求不足

有一个明显的差距就是职业学校和高等教育机构无法在社会需求旺盛的年代满足劳动力市场对熟练劳动力的需求，在中高等技术产业和技术、机械工程中长期存在这种失衡，主要是由于教育和培训机构对劳动力市场、疲软的专业和金融动机严重缺乏系统的反馈，从而无法满足劳动力市场的要求。没有专业的咨询和指导，难以使教育连接到公共就业服务，从学校过渡到工作的过程几乎完全不受监管。对创新行业间传播知识，高等教育所作出的贡献是远远不够的。

欧洲环境下的匈牙利教育和培训系统正持续受欧盟的影响，而且毫无疑问欧盟成员国对该地区的教育和培训带来了直接和切实的影响。在这方面欧盟扮演的是支持匈牙利教育和培训整体发展的角色。这贡献是双重的，首先，通过结构性基金欧盟扩展了实质性的金融支持以升级教育和培训的基础设施、人力资源以及内容开发。其次，积极参与开发和实施社区教育和培训的政策是一种强大的工具，会对形式和内容有一个永久的灵感源泉并深化对教育和培训的现代化改造和治理。欧洲的教育和培训政策常常是改革家津津乐道的有力论据，以此来提倡新方法和新措施，甚至敦促采取全面的政策和措施。

在2004—2006年，欧盟扩大了财务援助。在框架开始运行的第一个国家发展计划中，近4亿欧元被分配到高等教育学校以改善其基础设施，也发展了教育和职业培训的内容和方法。政府为实现中期发展战略而采取的措施主要在于为学校建立通用的职业教育和高等教育，它们构成整体开发项目计划的一部分，它们也代表一个跳板，为支持未来改革打好基础。

在协调的开放方法的环境下（OMC），匈牙利是一个积极的参与者，在欧洲层面上参与制定教育和培训领域的政策。同时有助于形成一个共同的和可运行的欧洲政策框架，它在与教育和培训有关的所有方面提供了许多相互学习、交流经验和进行良好实践的机会。匈牙利在政策方面特别注意在加强教育和培训作用的基础上，建立一个以知识为基础的社会，并及早地参与新的"里斯本战略"。在许多领域，匈牙利一边换位或创造性适应欧洲层面的政策措施和方法，一边也贡献了目前在发展创新过程中的措施和模型。其最近决定开发一种既适用于本国的国家资格框架，又符合欧盟资格框架的政策体系，就充分体现了这个趋势。

在各自的领域努力支持现代化的强大工具使匈牙利积极参与在教育和培训上的相关社区项目，并在社区框架下规划研究和发展，参与这些社区项目极大地帮助匈牙利成功融入欧洲的教育、培训和研发领域。

第二节　高等教育发展之未来

一、为什么改革是必要的，他们想要实现什么

匈牙利的教育和培训系统面临的挑战与欧洲的几乎所有的教育系统面临的挑战相似，它们是全球化带来的挑战。纳入全球竞争领域的也包括教育，尤其是高等教育市场，全球从前所未有的快节奏步入老龄化社会和更新现代技术层面，从而可能造成社会凝聚力的下降。此外，由于加入欧盟，匈牙利的教育和培训系统对整个社会的现代化进程可以有效地作出更多的贡献。匈牙利有着特

殊的社会主义时期，在结构、组织和融资这些领域留下了许多政治遗产，还伴随着根深蒂固的社会和文化行为。教育和培训系统实际上更需要一个针对内容、结构、管理和治理来创新的方法以适应全球性的挑战，从而使他们能够调整自己以快速应对全球的变化和直接的社会、经济、环境挑战。匈牙利的教育和培训系统正在逐步形成对具体的项目和路线图的革新。基于一个创造性地适应欧洲终身学习的理念，匈牙利教育和培训系统乃至整个国家的所有方面均受到其影响。现在政府表示其承诺的一项面向基本人类服务的全面改革就包括行业的教育和培训。

事实上，欧盟的成员国在现实中有着共同的基本价值观，也有实实在在的机会在一起有效和合法地面对社会、经济和全球问题，这不仅促进其推出特定的解决方案，而且通过共同努力和行动解决这些困难。国家努力整合资源、社会政策和金融以支持匈牙利在2007—2013年完成教育和培训领域所实施的计划。而确定的战略、整体政策目标和基准完全符合"里斯本战略"的综合目标，即关注经济增长和就业。

图3-2　未来模拟学习空间

匈牙利教育和培训系统完全符合欧洲终身学习策略基本原则的概念。它延伸在一段7~9年的期限中，提供了一个渐进的和可以协调实现多样化的行动，这有望在今后创建一个现代、装备精良、更加公平和有效的教育和培训系统，可在教育和培训领域中实现所有层次和形式的具有竞争力的关键技能，使国家达到某种必要的要求，从而使国家的经济、技术以及文化完全融入欧盟。

二、质量、访问、效率——改革如何起作用

全面改造的有关部门将开展三重目标即"质量、访问、效率"，涉及内容、结构、治理的教育和培训以及它们的物理基础设施。这三个主要目标构成一个连贯完整的优先级。因此，任何操作在实现一个目标的情况下也应符合并最终支持其他两个特定的目标。这意味着，如针对提高金融效率实施的干预措施应该绝对不会导致教育质量的下降，反之亦然。同时，提升学校的 ICT 基础设施将会在一个强制性的基础上，与再培训的教学人员、开发的课程、教学和方法论工具相结合，使它们被高效和有效地使用。

质量计划这个词首先意味着在全国范围内学校基础教育和培训的所有层次和形式内的替换是基于传统内容的教育，通过交付和获得终身学习的关键技能、基本技能，促进劳动力市场准入和流动性（ICT、外语等），或促进人们积极参与成人学习。其特别关注儿童早期教育和花费 4 年时间致力于提供基本的关键技能（读写和算数），并将扩展到第一个六年级。

完成这些需要开发适当的教学工具、方法和进行必要的培训，以及培养经过职业培训的教师。同样，全面的推进和发展可以为学校的基础教育和培训服务带来一个质量管理和评估系统，它可以比较客观地评价学生、教师和教育机构，这也将成为一个有效的、可高质量执行的教育工具。2009 年，匈牙利开发了一个全面的匈牙利国家资格框架，这个框架完全符合欧洲资格框架，是所迈出的不同层次和形式的具有透明度、可比性的教育和培训过渡的重大一步，而这也促进匈牙利在欧盟层面的流动性和可转让性。高等教育质量的目标基本上意味着全面推出高等教育的三个周期，这个巨大的运作成立于 2004 年，由第一个国家发展规划（2004—2006）设定完成。

三、发展基础设施

为了达到一个更好的质量要求，在教育和培训中发展基础设施是绝对必要

的。首要任务是支持那些社区和村庄，原因在于它们偏远的地理位置以及经济和社会的落后、缺乏必要的金融手段、缺乏资源来维护一个具有像样水平的学校基础设施。在扩展支持基础设施的开发方面，主要是通过引进先进的技术，这些技术可以鼓励所有的公共教育机构实现创新教育，促进其获得关键技能。

发展基础设施，包括改造数以百计过时的学校建筑，在定居点建立学前教育建筑。现代技术的供应方面，主要是ICT设备，旨在实施创新举措以提高教育质量。同时，在校本职业培训网络上，也就是区域综合培训中心将进一步扩展。这将在地区层面上确保有一个公平的职业培训质量以符合当地劳动力市场的需要。在高等教育方面发展基础设施以加强"R+D"潜力。

四、让教育与世界劳动分工靠近

改善教育质量的一个基本前提条件是接近世界教育的水平。为此一系列具体的行动和措施被分配的过程中，学校的基础教育和培训的发展、全面实现的职业指导和由公共就业服务（PES，public employment service）提供的离子导向系统会连接上当地/区域级的网络，都将极大地促进劳动力从世界过渡到学校并给学校和就业服务提供至关重要的信息。在高等教育中，为了实现这一目标，国家数字网络建立了系统以收集、整理和处理大量的数据，这为建立一个全国性的数据库形成支柱。这将启用跟踪的功能，并将所有新大学或学院的毕业生进入劳动力市场的数据一体化。雇主、潜在的学生、年轻的毕业生以及高等教育机构将免费使用这个数据库。

在这种背景下，改革将增强高等教育领域知识的传播作用。高等教育与培训机构将通过建立集群和中心的优点，以及在科学、数学和工程学中增加学生的数量和比例，加强和稳定工作关系和合作，并提升到产业和大学之间。

同时，高等教育机构采取更加积极的方式参与成人教育的政策，特别是引入不同形式的非正式学习，这些非正式学习尤其着重于会议研讨的需求。

五、取得更好的教育平等

平等意味着首先确保在教育方面有更多的投资，可以更好地对所有的人提供优质教育。这意味着，通过实施一系列的法律和金融措施保证其获得高质量的学前教育、学校教育、各种培训及更高的教育，以及打击一切形式的种族隔离，这些向已经采取一系列措施的这个方向提供了补充。并对他们中的一些人产生了直接的影响，以禁止他们最终脱离实践。在这种背景下，将关注接受包容性教育的孩子，确保 2020 年全国学校人口总量的约 10%接受优质教育。除了法律措施和慷慨的财政激励措施外，特殊教育项目和工具以及教师培训和职业培训课程也将支持包容性的教育和培训。一个特殊的"反种族隔离监督机构"网络也将落实到位。

规划改造学校建筑，将优先升级建在落后和贫穷的村庄、社会福利不足和多孩子的小地区的学校，这将是一个有效地干预和支持反种族隔离的政策。

重点将放在打击入学失败和辍学的行动上。这将包括一系列教育和方法论的措施，主要的目标是预防辍学，通过给那些正在落后的学校提供一个机会来赶上处于领先地位的学校。

这些活动将专注于开发和实现各种预防措施，与此同时，不同形式的第二次机会计划，作用于承认社会存在弊端而没有接受高等教育的年轻人和因照顾孩子而离开学校的年轻妇女，第二次机会计划无疑促进了离开学校的年轻人离开社会并重返学校，继续深入学习知识。

提高教育和培训的效率，意味着追求更好、更合理使用物力和人力资源，要想提高各级教育和培训系统的效率，就应该有条不紊地解决这个问题。这种努力绝不可以只通过一个简单的金融操纵即让经济体削减预算资源，就能促进学校教育的发展，而是要从持久的人口负增长趋势和明显降低的学龄人口数量出发。此时学校的集成方案构成了计划的主要支柱，它将涉及几十所在贫困地区和小村庄的公立学校与不断萎缩的人口。

在这些情况下通过多样化的金融激励和管理措施，社区和他们的学校将被鼓励形成所谓的学校协会。几个学校组织起来成为一个"领导者"学校（又称，"领袖"学校），早期学校教育可能保留在小地方，而上层阶级将组成学校的领袖，他们将负责方法论的指导和保证执行的质量。

这些学校协会在财务上是更有效的，在经济上是更可行的，同时确保了在大多数偏远地区能够获得高质量的教育。其他重要的改进方法如通过广泛使用ICT 设备和集成数据来发展基地，将会升级各级教育管理的机构和学校。高等教育努力做出多元化的融资，旨在增强这些机构的财务自主权以及提高需求驱动性质的部门的效率。

六、把改革的社会成本降到最低

社会成本最小化的改革是预测变化。同时，在高等教育改革方面，政府将采取一系列措施来尽量减少学校重组的社会成本。由于这些操作会提供不同方案的职业规划，因而会减少这些教师失去工作的危险，通过重新定位促进教师掌握新技能以在教学工作或在其他领域发现新的工作。

第三节　战略目标与战略规划

匈牙利教育与培训系统和大多数欧洲教育系统一样遭遇了诸多挑战。一是来自全球化和与教育特别是高等教育市场相应的全球竞争，从社会老龄化到不可预知的社会和技术的迅速突变。二是作为欧盟成员，匈牙利教育必须为整个欧盟社会的现代化进程作出有效贡献。三是匈牙利经济长期不景气，本国财政严重不足导致投入有限。为克服教育与培训系统的不足和迎接新挑战，匈牙利政府制定了战略目标、战略规划和措施。

一、战略目标

把匈牙利教育与培训系统建成一个现代化的、装备良好的、平等高效的教育与培训系统，以传播各层次教育与培训领域的竞争性知识，保证社会获得核心竞争力和提供以促使国家在经济、科技和人文领域取得飞跃发展所需要的人力资源，最终完全融入欧盟社会。

二、战略规划

（一）积极推动"博洛尼亚进程"，紧扣欧盟情境下的教育与培训发展规划

自 1999 年加入"博洛尼亚进程"，匈牙利积极推动有关"博洛尼亚进程"

事项的实施。2005 年 11 月，匈牙利国会通过《高等教育行动计划》，2006 年 3 月 1 日起实施；2006 年 9 月 1 日，引入"新博洛尼亚二循环体制"，即本科 3~4 年，硕士 1~2 年，特殊职业硕士 5~6 年的模式。

为顺利实施"博洛尼亚进程"，匈牙利极力创造良好的软、硬件环境，为融入欧洲高等教育圈做准备。在大学，实施了"匈牙利大学计划"，推动高等教育改革，特别是学制改革。在行政管理方面，原教育文化部也下放了不少权力，给大学以足够的自主权。

（二）2005 年匈牙利政府制订教育中长期共同战略规划

匈牙利第一期国家发展规划（2004—2006）的实施取得一定成效后，2005 年 10 月，政府公布了《匈牙利教育部公共教育长期发展规划纲要（2005—2015）》，提出要普及具有提升竞争力作用的知识，缩小教育的不公平，并建立高效、包容性强的教育体系来增强学生的竞争力和大力提高经济社会竞争力，促进社会融合和稳定。具体措施为：①创造开放、灵活有效的新匈牙利教育体系，保证教育机构教学质量不断提高，为国家提供富有竞争力、具有新知识和具有持续学习能力、能不断提高自我价值的劳动力；②保证人们在任何年龄阶段和情况下接受教育的权利，特别是弱势群体，促进各种文化的融合，培养受教育者自我学习和自我发展的能力，提高他们学习的兴趣；③保证高效使用资金、专款专用，提高物质和人力资源条件。

（三）促进终身学习战略与欧盟情境下的欧洲终身学习战略相适应

由于与整个欧盟国家相比，匈牙利 25~64 岁年龄段人群中参加终身学习的人口比例较低，大致在 3%~4.5%，而欧盟平均水平在 9%~10%。因此匈牙利政府为提高人口素质，于 2005 年展开终身学习计划以适应欧盟终身学习战略的要求。

（四）第二期国家教育发展规划（2007—2013），即新匈牙利发展规划的教育部分

第二期国家教育发展规划（2007—2013），即新匈牙利发展规划的教育部分，得到欧盟的大力支持，计划共分 15 个区域和层面的具体操作计划。2007—2013 年，匈牙利政府将获得欧盟基金 224 亿欧元，以缩小匈牙利与西欧

国家在发展上的差距并接近西欧的发展水平。欧盟纳税人提供此项基金，将强化匈牙利目前教育领域的各种潜力，消除制约利用该项基金的障碍和不足。新匈牙利发展规划将分配超过 7 亿欧元项目基金（该基金相当于政府每年预算的10%）用于更新教育培训领域的设备，提升人员素质。

（五）2014—当前教育发展规划

2014 年起，匈牙利教育管理体系进行了几次改革，相应的职能不断优化和调整。对于公共教育和职业教育与培训，自 2015 年 9 月起，匈牙利从 3 岁开始实行义务幼儿园教育。一方面，这有助于确保 3 岁儿童尽快在日托机构接受教育，另一方面，它支持家庭的生活质量和父母重返工作岗位。2015 年，提供职业教育和培训的公立学校的管理由国家职业教育、培训和成人学习办公室（匈牙利语缩写：NSZFH）从国家机构维护部门接管，该机构是由国民经济部（从2018 年起为创新技术部，从 2022 年起为文化和创新部）控制的后台机构。它目前通过 41 个职业培训中心执行其任务，其中 371 个成员机构所属。创新培训支持中心有限公司（IKK 有限公司）成立于 2019 年，旨在作为一个方法中心参与职业教育和培训的更新，执行负责职业教育和培训的部长委托的任务，并根据新的职业教育和培训法（2019 年第 LXXX 号法案）作为职业培训的公共管理机构开展活动。其活动主要由国家就业基金（从 2021 年起，经济保护基金）资助。

高等教育机构可以由各种维护者来管理。这些机构可以是学院或大学。它们可以在不同的融资模式下运作。以匈牙利的知识、创新和人才为基础，引进了一种新的信托基金模式，这种模式对经济和公共服务的需要更加开放，并在与公司更密切和更有效的合作中履行公共职能。2021 年以前的所有公立大学被置于这种模式之下。截至 2021 年 9 月，超过 18 万名学生（占所有学生的近70%）开始以新模式学习。此外，相当一部分学校是由教会管理的（覆盖 3 万名学生），还有 6 所学校仍然是国营的。此外，还有私立高等教育机构。

三、战略措施

（一）保证"质量、平等和效率"，力求改革向前推进

政府力求保证实施"质量、平等和效率"三面大旗，注重教育与培训的内

容、结构和治理，兼顾其微观结构。这三项目标的实现依赖于发展适当的教育学工具和方法，并与培训和再培训教师相结合。到 2009 年，匈牙利完全建立起与欧盟教育框架相匹配的一个综合的国家教育质量框架，这是匈牙利迈向更好转型、透明度高和具有可比性的重要一步，也加强了欧盟内的学生流动和学分转换能力。

（二）发展微观结构，力求务实

为保障教育和培训的质量，必须发展微观结构，首先要为边远和山区的社区提供支持，保证质量；其次，为公共教育引进先进的理念以鼓励他们创新教育和获得核心竞争力；最后，更新学校硬件设备和提供现代化的技术，特别是 ICT（information and communication technology，信息和通信技术）设备，加强职业教育培训网络建设。

（三）促使教育与工作领域更接近，建立公共就业服务体系

一个保证教育质量的基本和必要的措施是拉近教育与劳动力市场的距离。而公共就业服务加强从学校到劳动力市场的平稳过渡，并对学校和就业服务单位提供同样重要的信息。在高等教育领域为达此目的，必须建立起国家数字网络以系统地收集、检索和处理的大型数据库，这将集成劳动力市场和所有大学毕业生两种资源，为就业提供方便。教育改革更加支持高等教育领域知识的发散作用，将进一步加强"R+D+I"能力，产业与大学间的合作更加深化。同时鼓励大学开展成人教育，以适应不同地区的不同需求。另外，加强社区对教育和培训的支持，发挥他们在执行关键内容与结构性创新方面的独特窗口作用。

（四）取得更好的教育公平性

保证留级学生和过早失学学生的学习权利，在教育学、方法论上具体分析其特点，防止学龄儿童过早失学；对后进学生提供帮助和支持，使他们达到要求的质量标准。

（五）减少改革的社会成本，预测变化

采取措施，减少学校合并（重组）的社会成本，为那些将要失业的教师提供辅导和再回炉计划，使他们获得从事该项工作的新技能和方法。

四、战略保障

要保证这些规划得以圆满实现，必须保证得到各方面全力的支持，从中央到地方再到地区层面，从相关部委间的协调到各团体、各不同部门的组织代表，从教学到学术研究领域，从学生家长到其他机构必须形成一个强大的、合作的整体。所有这些部门应参与发展规划的起草，明晰和实现评估过程。

但要强调的是，所有这些改革的实施并不意味着它是一种激进的、完全脱离当前政策目标和实践的行动，相反，应该是建立在既有成就、经验、技巧、智库和组织道德汇集的基础上的。

（一）完善高等学校经费筹措机制

匈牙利高等教育规模在近年来已经达到 10 年前的 3 倍，而教育经费总量又面临着严重不足的巨大压力。在欧洲具有影响力的罗兰大学是匈牙利最好、最大的综合性大学，成立于 1635 年，学生有 5 万人，设有法学、自然科学、教育等 6 个学院，由原体制下的 3 所大学合并而成。而另一所大学——匈牙利技术经济大学是在该国理工类和经济类最有影响力的高校，由原体制下的 2 所大学合并而成，下设建筑学、化学化工、经济管理等 8 个学院，有 1.3 万学生。

近年来，罗兰大学注重扩充办学经费，国家拨款主要用来支付教师工资、学校教学、办公用房的维修以及学生的教材。国家划拨的经费约占学校运行费用的 60%，其他不足款项由学校向社会筹措。不足部分中 60% 由学校教师利用科研能力向社会争取项目经费，20%～25% 是学校为公司等社会机构提供服务获得的报酬，其余 10%～15% 为学校出租学校资源获得的收入。在匈牙利布达佩斯技术经济大学的办学经费中，除国家拨款之外，国际企业的项目和国内基金会的赞助占有重要位置；在校学习的 500 名外国留学生的学费和其他收费，也成为学校收入的重要来源。

据匈牙利教育研究所介绍，公立高校的教师属于公务员系列，国家规定教师各个级别的最低工资标准，并由国家拨款予以保证。教师工会讨论并提出本地区教师薪金水平的建议，由州政府确定本地区教师薪金水平，并在地方政府给予的补贴拨款中予以保证。罗兰大学介绍，大学可以在此之上提高标准，但大学教师必须首先保证基本的教学活动。一般每周校长上课不低于 4 课时，教授不低于 6 课时，副教授不低于 8 课时，讲师不低于 10 课时。在此基础上教师进行科研活动还可以有相应收入，但是大学不准直接办公司。

（二）高等学校校长推选程序及运行机制

匈牙利高等学校的校长由学校全体教授提名产生，基本为本校内部人选。任期为 3 年，可以续任一次。续任必须经过与第一任次相同的选举程序。校长人选产生后呈报教育部，由教育部上报总统批准。教育部对大学校长的推选无权干涉，总统批准的校长基本是由学校选举产生的校长候任人选。

大学有高度的自治权，不受地方政府干涉。对校长而言，唯一的限制就是必须严格依照法律规定行事。在校内校长要接受校务委员会监督，对校务委员会负责，学校重大事项必须提交校务委员会表决。罗兰大学的校务委员会由 14 位学生代表、14 位教师代表、14 位教授代表（以上 42 人每个学院 7 人）、一名行政管理人员共 43 人组成。

为实现欧洲高等教育区的目标，欧洲在 1999 年启动了博洛尼亚进程。这是一个相当庞大的改革计划，涉及各国的高等教育学制改革、课程改革、质量保证、学历文凭认证等关键问题。经过 10 年的发展，欧洲建立了学术资格框架、欧洲质量保障机构注册机制以及欧洲质量保障标准与准则，在各国建立起一个以本科和硕士为基础的高等教育体系，并建立了欧洲学分转换及累积制度，同时颁布学历文凭附录，增强高等教育的透明度和认可度。这些措施使学生、教师、科研人员的流动更为便利。这一切为欧洲高等教育区的初步形成奠定了良好基础。

第四章

匈牙利高等教育体制

第一节　匈牙利高等教育系统信息

一、制度类型和制度控制

匈牙利高等教育机构的建立和运作由《国家高等教育法》（2011 年第 204 号法案）规定。

在《国家高等教育法》的法律框架内，匈牙利高等教育机构是公认的国家（公立）或非国家（教会或私立）机构，认可机构名单见《国家高等教育法》。高等教育研究提供了两种类型的高等教育机构：egyetem（大学）和 fiskola（学院）。大学和学院这两类院校的课程是相同的，可以提供三个培训周期的课程。

二、课程类型和授予的学位

通常高等教育学位的连续培训周期是 alapkepzes（学士课程）、mesterkepzes（硕士课程）和 doktori kepzes（博士课程）。在政府法令或立法规定的情况下，硕士学位也可以在完成综合的一级培训后被授予。除上述课程外，高等教育机构可举办非学历的职业高等教育课程和研究生专业培训，并可在终身学习的框架内提供成人教育。由于高等教育实行的学分制是建立在欧洲学分制的基础上的，因此一个学分代表学生平均 30 学时的学习工作量。

三、课程及学位的批准/评审

对于每个职业高等教育项目，本科和硕士的课程设置和结果要求在法律法规内制订计划，即培训的水平，是在保证职业资格和能力的条件下获得文凭的先决条件。应高等教育机构的要求，教育当局在获得匈牙利认证委员会的专家意见后，为所有职业高等教育课程、学士或硕士课程或博士学校颁发许可证和提供注册。此外，教育当局考虑到匈牙利认证委员会的专家意见，每5年对高等教育机构的营业执照进行修订。上述程序适用于所有得到承认的公立或非公立高等教育机构（宗教研究机构除外）。

四、组织研究

职业高等教育课程、学士、硕士课程和研究生专科培训的学生，通过期末考试完成学业。期末考试可能包括学位论文或文凭项目的答辩，以及额外的口头、书面或实践考试。

职业及高等教育课程。从2013年9月1日起，高等职业教育项目取代了高级职业培训。这种类型的培训不再构成国家职业资格登记的一部分。完成职业高等教育课程后获得的文凭是职业高等教育资格的证明，但它本身不是学位。职业高等教育课程要求完成120~150学分，课程一般为4~5个学期。

第一/第二周期的学位课程。第一个高等教育学位是 alapfokozat（学士学位），以职业资格结束。学士学位课程要求修完180~240学分，课程长度为6~8个学期。

第二个高等教育学位是 mesterfokozat（硕士学位），以职业资格结束。在学士课程的基础上，硕士课程要求完成60~120学分，课程长度为2~4学期。

集成项目：综合的单一课程，基于中学毕业考试（erettsegi vizsga），最终获得硕士学位（mesterfokozat），课程长度为10~12学期，要求完成300~360学分。除了教师教育、宗教研究和一些文科课程外，还有综合课程如兽医医学、建筑学、牙科、药剂学、法律和医学。

高等教育机构也可以为本科生和硕士生提供研究生培训。通过完成60~120学分可以获得专业资格，课程长度为2~4学期。

在获得硕士学位的基础上，博士课程要求至少完成 180 学分。课程时长为 36 个月。在博士课程之后，或在博士课程的框架内通过单独的学位获得程序，可以获得科学学位"哲学博士"（简称：PhD），或艺术领域的"文科博士"（简称：DLA），获得学位的时间最长为 2 年。

接受高等教育的机会。申请高等教育课程的学生的排名主要是根据他们的中学成绩和 erettsegi vizsga（中学毕业考试）成绩，或者仅仅根据后者。进入职业高等教育课程、学士和综合硕士课程的要求通常是在完成中学的 12 年级后参加中学毕业考试，并通过 erettsegi bizonyitvany（中学毕业证书）认证。某些课程的录取也可能基于健康或专业要求或能力倾向测试。持有学士学位的学生可以进入硕士课程。研究生专修可以招收具有学士学位、硕士学位的学生。对于博士课程，只有持有硕士学位的申请者才能被录取。高等教育机构可以增设学士、硕士及博士课程的入学条件。

匈牙利的学位有学士、硕士和博士，分别由学院和大学授予。学院的学制为 3 年，授予毕业生学士学位。大学的学制为 5 年，授予毕业生硕士学位。获硕士学位者，可考取博士生资格，在大学继续攻读 3 年，达到要求者可获博士学位。

匈牙利的学院和大学与中国的学院（专科，学制 2~3 年）和大学（本科，学制 4~5 年）不同。因此，其所授予的学士学位和硕士学位也有别于中国的同等学位。匈牙利的博士学位与中国的博士学位基本相当。在大学授予的博士学位之上，匈牙利还设有科学院博士。

第二节　授予博士学位的几个特点

一、博士点设立

匈牙利的大学向教育部提出申请，经教育部门所属的"认定委员会"（hungarian accreditation committee，简称 HAC）认定，即可设立博士点，授予博士学位。目前，匈牙利全国 17 所公立大学中，共设立博士点 300 多个，基本覆盖了所有的学科和专业。

二、博士生资格

申请攻读博士学位者须具有硕士学位资格，通过严格考试，并符合其他要求（如大学学习成绩、外语水平、科研成绩、面试成绩等），可获博士生资格。最近，每年约有 2300 余人考取此资格，在校博士生 8000 余人（包括全日制学生和在职学生）。相对于全国 1000 万人口来说，博士生人数所占人口比例远高于中国。

三、培养过程

全日制博士生学制为 3 年（在职生相应延长），要求学习 15~16 门课程，掌握两门外语，承担一定的教学科研工作，取得研究成果，撰写博士论文，通过两次答辩（预答辩和正式答辩）。

匈牙利在授予博士学位过程中，除上述基本情况外，另有以下几方面特点。

（一）论文要求

匈牙利对博士论文的要求和论文格式与西方国家基本一致。但它特别强调必须有"原创性"的科学研究工作（original scientific work），取得的研究成果（new scientific results）必须作为论文的独立章节，放在论文总体结论之后，参考文献之前，论文尽可能用英语撰写。

（二）答辩资格

博士生除修满博士课程的学分外，必须通过两门外语和两门专业课考试，在科研等方面成果的积累达到所要求的分值（包括发表的论文、学术奖励、承担的课题、获得的专利等都有相应的分值），方能取得答辩资格，提交论文，申请答辩。

（三）论文评审人和答辩委员会

博士论文的评审人、答辩委员会的组成人员（主席、成员、秘书等）大部分为校外专家。其中，博士论文的评审人有三人，一人为本系教授，其他两位为校外专家。人选名单均由学校博士委员会根据相应的专家系统（包括全国专家）来确定，或由所在系博士学位委员会提交超过一定数额的候选人，然后由学校博士委员会随机确定最终人员组成论文的评审人和答辩委员会。正式答辩时，外校的两位论文评审人作为博士委员会答辩成员，同时组成 7 人以上的博士答辩委员会。

博士论文首先交到系里，由所在系转交给评审人。至少一个月之后，评审人返回非常详细的评审意见（2~3 页），包括对论文的总体评价，论文的哪些地方还需要修改，是否可以答辩等。若三位评审人都认为可以答辩，系博士学位委员会即可确定在系里的答辩日期，即所谓的预答辩，并公布预答辩的信息。

（四）预答辩

由系博士学位委员会主任主持，先介绍答辩人的总体情况。然后答辩人阐述论文，时间不超过 30 分钟，随后进行提问、辩论等。最后，三位评审人宣读他们对论文进行评审的具体意见，并提出相应的问题与建议。

预答辩时，论文要求用 Microsoft PowerPoint（简称 PPT）制作，其内容、格式与正式答辩一样。

（五）正式答辩

通过预答辩的博士论文提交给学校图书馆等单位向社会公开。至少在一个月后，如无人对论文提出任何异议，方能进行正式答辩。校园网上公布正式答辩的相关信息，包括博士委员会答辩成员的组成、博士论文题目、导师、答辩地点、时间等。

答辩由答辩委员会主席主持，秘书宣读答辩人的履历简介。而后答辩人阐述论文，时间 30 分钟。之后，两位评审人宣读评审意见和相关的问题与建议。答辩委员会其他成员提问，答辩人一一回答，或就问题与委员会成员辩论，直至答辩委员会满意或认可为止。此后休会 30 分钟左右，答辩委员会单独开会，形成结论性意见。续会时，由答辩主席宣布答辩委员会意见，包括各成员对论文本身的学术水平、写作技巧、答辩表现以及基础知识的掌握等方面进行投票和打分的情况，给出总的意见与分数。如分数达到要求，论文答辩即获通过，申请人可被授予博士学位。

四、匈牙利科学院博士

匈牙利在大学所授予的博士学位之上还设有科学院博士，激励学术界精英向更高水平迈进。这也是其博士学位的又一独特之处。大学教师和科研、学术机构的研究人员要晋升正教授职称或进入科学院（院士），必须取得科学院博士。科学院博士在争取研究项目和科研经费等方面具有优势。申请科学院博士，不必修课，只需提交学术著作和研究成果。申请人一般在获得大学博士学位5年后，可以提出申请。由科学院院士组成的各学科委员会负责评审。通常每一学科每年仅向2~3人授予科学院博士。

第三节 高等教育改革的困境

匈牙利人力资源部教育事务前国务秘书罗饶·霍夫曼（Rózsa Hoffman）说，匈牙利设立奖学金合同制度的目的在于"确保用纳税人的钱完成的学业能最终回馈社会"，下面是匈牙利一个高等教育改革的案例。

2009年9月初，匈牙利各大学陆续开学。2010年新生们面临一项前所未有的选择，要么全额自费上大学，要么签一份合同，享受政府提供的奖学金，但毕业后数年内不能出国工作。反对者认为，这剥夺了学生接受免费高等教育、自主选择工作地点的权利。因此，从2009年10月政府酝酿这一改革举措之初起，匈牙利的大、中学生们就举行了多次抗议活动呼吁政府"不要夺走我们的未来"（见图4-1）。

一、两难选择

在合同中，学生必须承诺：如接受奖学金，那么在取得学位后的20年内，在匈牙利工作时间要达到享受奖学金时间的两倍。换句话说，如靠奖学金上4年大学，就必须在国内工作8年然后才能考虑出国工作。

对不少匈牙利年轻人而言，留在国内工作并非首选。2010年3月，一项民

图4-1 匈牙利学生抗议政府的教育政策（来源：《经济日报》）

意调查显示，每5个匈牙利成年人中就有一人打算出国工作，并且有7%的匈牙利人想移民国外，而年轻人的移民倾向更高，18~29岁的青年人中有一半想离开匈牙利。据统计，2009年有4万匈牙利人移民德国，有移民计划的匈牙利人逐渐增多。

2009年之前匈牙利的高等教育一直免费。2011年，匈牙利免费接受高等教育的大学新生人数为5.3万。2010年政府计划将享受全额奖学金的大一学生人数减至3.9万。

17岁的高中生伊扎克·雷纳特（Itzhak Reinat）告诉记者："我没想过（大学毕业后）离开匈牙利，但我也不想负债（上大学）。如我大学毕业后被迫在匈牙利工作，我不知怎样才能偿还学费。"

"雷纳特"们的烦恼源自2009年年底匈牙利国会通过的新《国家高等教育法》（以下简称《高教法》）。该法规定，大学生应以全额奖学金、半额奖学金和纯自费这三种形式参加高等教育培训。

按照匈牙利政府的说法，这部新法旨在为创建一个有竞争力的高教体系打下基础，同时改善高等教育的融资渠道。

2010年1月，匈牙利政府据此出台有关大学生奖学金合同的政府令。政府令起初被宪法法院判定为违宪，但 7 月 12 日，国会以"238 票赞成、59 票反对、31 票弃权"的投票结果通过《高等教育法修正案》，将大学生奖学金合同的有关内容写入这一法律，确立了政府令的合法性。

新的《高教法》还详细规定，享受奖学金的大学生必须在规定的学制时间内取得学位，如逾期，须向国家退还奖学金的 50%；取得学位后如没有留在匈牙利工作，则必须返还奖学金及其利息，该利息比银行利息高出 3 个百分点。

二、学生抗议

匈牙利总理欧尔班·维克托接受媒体采访时称，"理想的高等教育是每个学生自己付全部费用，因为谁接受的教育培训更多，谁就可能得到更好的职位，失业风险就会更少，生活前景会更广阔"。

学生们对此显然不认可。匈牙利大学生自治组织全国会议主席纳吉·达维德（Naji Davide）说："学费制是一条死胡同，不利于民族振兴。大学生毕业后都想离开匈牙利的预设是错误的，政府不应该把他们捆绑起来，而是要提供机会，让他们留在祖国。"

米什科尔茨大学的大学生自治组织主席卡什帕尔·毛尔采尔（Kasgpal Maurzer）说："学生需要的不是奖学金合同，而是工作岗位。有工作岗位，他们不离开匈牙利。"

2010 年 2 月 15 日，部分大学生和中学生走上街头抗议，打出"我们不会沉默，不要夺走我们的未来""人人都应获得高等教育""我是该留下来？还是该走？"等口号。

然而，对于这次匈牙利高等教育改革，老百姓中不乏支持者。

三、人才流失

一些人担忧，匈牙利高教改革可能适得其反，迫使一些高中毕业生选择出国上大学。其中，欧盟其他成员国的免费大学无疑是最佳选择。

从匈牙利媒体的报道看，去国外上大学尚未形成潮流。但是由于英国苏格兰地区的大学免费，去那里上学的匈牙利学生逐年递增。

第五章

匈牙利高等教育主要任务

第一节　高等教育的主要任务

匈牙利教育部门根据政府的规划，充分考虑加入欧盟后所应肩负的任务，向政府提供了一套全面的高等教育发展方案的建议。

第一部独立的《高等教育法》于 1993 年制定，之后经过多次修改。法律修改的内容主要包括：财政体系的改制，学分体系的引入，新型高校网络的建设，学生法律安全的保障，在中学和高校中起到衔接作用的录取考试体系的改革等。发展教育的第一步就是制定新的《高等教育法》，该教育法于 2006 年 3 月 1 日起生效。

一、影响高等教育维系与发展的决定性因素

影响高等教育维系与发展的决定性因素为：

（1）高等教育内部发生的变化；

（2）根据人口统计学产生的对高等教育的需求；

（3）社会、经济、劳动力市场对高等教育产生的影响；

（4）教育与科学研究出版物及其资金来源；

（5）人力资源；

（6）国家对欧洲公共事务的承担。

2004—2005 学年匈牙利开设了 34 个基础学科，2005—2006 学年开设了 101 个基础学科，此外，还有超过 600 个开设专业的申请正在等待审批。在艺术领域的培养中，自 2007 年 9 月起新增设 33 个艺术类专业。多层次的培养体系在 2006 年引入新的培养结构之后开始普遍应用，职业培养也继续进行。截至 2008 年 7 月，已开设 274 个不包含宗教色彩的职业教育学科。

在新的培养体系中，将继续在诸如医科教育（医生、牙医、药剂师、兽医）、法学教育以及一些艺术类教育（建筑师、画家、雕塑家、绘图师、文物修复家、传媒工作者、演员、剧院导演、剧院舞蹈编排家、剧作家、电影编剧家）等领域开展一体化的教育模式。

二、在继续教育体系中，匈牙利特色的培养模式是专业方向继续教育

根据法律的精神，为了迅速应对劳动力市场的需求，匈牙利各种培养类型的开发和启动归并到大专院校的职权范围内。根据法律，国外的大学可以在匈牙利开设分校，同时匈牙利的高校可以走出国门，在外国寻求发展。双方可以就此进行合作，共同开发培养项目。

三、基础设施的建设是发展高等教育不可缺少的一个重要方面

投资、设备更新、收集信息、修缮教学楼等都需要吸引外部资金。在 3P（public-private-partnership）工程（政府与社会资本为提供公共产品或服务而建立的公私合作模式。适用项目：那些规模较大、需求较为稳定、长期合同关系较清楚的项目，如供水、供电、通信、轨道交通、公路基建等）框架内，已投资约 1750 亿福林用于各院校的教学事务、教学楼与宿舍楼的维护以及新项目投资。

学生在国外完成学业所需的学生贷款和其他方面的保证将从根本上影响学生的生活和工作质量。帮助外国学生完成部分学业的新型奖学金标准，以及宿舍和住房赞助的标准都在提高，学生服务得到发展。与培训课程同等重要的是保证学生、旁听生的权利，对完成部分学业的学生进行学分制教育。

社会赞助以及宿舍和住房赞助标准额在提高：2006 年每人每年赞助 17.2 万福林，2007 年每人每年赞助 21 万福林。2006 年 9 月 1 日起，大学生的赞助标准从 9.1 万福林上涨到 11.65 万福林，博士生的赞助标准从 101.22 万福林涨到 109.26 万福林；宿舍赞助额从 8 万福林上涨到 11.65 万福林；住房赞助也已

达到 6 万福林；课本、笔记本的赞助从 7820 福林涨到 11650 福林。2006 年 9 月 1 日起，学生信用贷款的取款额度上调至 40 万福林，最大年龄限制也从 35 岁调整至 40 岁。

四、在高等教育法的基础上出台了一项关于获取学生补贴的规定

根据该项规定，凡是具有匈牙利国籍、潜逃者、寻求政治庇护者、被接收者、移民、定居的外国人，以及在邻国居住的匈牙利人，在国际合作关系的基础上，赴匈牙利学习的外国籍留学生均可以得到国家支持的培养方案。在这些国家支持的培养项目中，外国公民将享有与匈牙利本国公民同样的各项资助。居住在邻国的匈牙利人还将获得 1.75 万福林的政府奖学金作为生活费。根据双边协议，在匈牙利的居留者将获得 3.96 万福林的资助。

五、下一步的任务

国家财政预算保持平衡的同时，高校的运作能力要有所保证。高校通过科研工作完成了创新，并能获得一定数量的资金。在此基础上，高校还将建立起新的运转模式：建立公司，申请专利，对学生创业初期的探索阶段进行扶持。重新定位培养与科研以及各高等教育研究机构、分支研究机构、匈牙利科学院之间的关系。要加强高等教育与科研之间的关系，建立创新环境，制定科学指导原则。由基础教育过渡到精专教育。要重视在过去的教学实践中获得的专业经验，并为进一步发展创造新条件。要为高校的学生、教育工作者和研究人员的流动与交流创造条件。各高校要加强国际合作，尤其是要重视与边境地区的合作，保持与邻国中匈牙利人聚集地区的合作，开展与欧洲高等教育地区以及欧洲研究地区的合作。

要对欧洲高等教育地区各院校与匈牙利共同开发的培养方案（基础型、专业型、研究型）进行宣传。增加外语授课的各项课型，并以此刺激其他领域的外语教学（如信息、工业医学、生物技术等）。制订师范类教育培养方案，实现具有教师职业特色的培养方案。在开设师范类专业的高校设立地区服务性机构，建立研究网，以适应时代对教师培养标准的要求。为师范类专业的学生在一般性的教育机构提供半年的实习机会。

第二节 匈牙利部分高校及其主要学科简况

表5-1 匈牙利部分高校及其主要学科简况

序号	大学		所在城市	主要学科
	英文名	中文名		
1	Corvinus University of Budapest Old：Budapest University of Economic Sciences and Public Administration	布达佩斯考文纽斯大学 旧：布达佩斯经济与公共管理大学	Budapest	植物栽培和园艺学、食品科学、风景建筑、决策支持系统、商务管理、国际经济、国际贸易、国际经济和欧洲研究、政治学、社会经济学
2	Budapest University of Technology and Economics	布达佩斯技术与经济大学	Budapest	建筑工程、化学工程、民用工程、电子工程和信息学、工程物理、环境工程、机械工程、交通工程
3	University of Debrecen	德布勒森大学	Debrecen	英语、语言学、文学、人种学、心理学、历史学、跨学科社会科学、跨学科人文科学、农业科学、畜牧业、音乐、农业商务、商务管理、园艺学、牙医、普通医学、药剂学、生物学、化学、地球科学、生态学
4	Eötvös Loránd University	罗兰大学	Budapest	心理学、社会学、生物学、化学、数学和计算机科学、微生物学、物理学、地球科学、匈语语言文学、法学、政治科学、人文科学、幼教、特教

续表

序号	大学		所在城市	主要学科
	英文名	中文名		
5	Liszt Ferenc Academy of Music	李斯特音乐学院	Budapest	音乐各学科
6	University of Kaposvár	卡波什瓦尔大学	Kaposvár	农业科学,经济学和财政科学,经济与社会科学
7	University of Miskolc	米什科尔茨大学	Miskolc	经济学和财政科学,经济与社会科学,法学,地学科技系统处理工程,应用地质学和地球物理,机械工程,材料工程,冶金工程,石油工程
8	University of Pécs	佩奇大学	Pécs	文学,音乐,绘画,雕塑,商务管理,计算和信息系统,国际贸易管理,普通医学
9	Semmelweis University	赛梅维斯医科大学	Budapest	人类运动科学,体育,体育训练及教练,牙医,普通医学,药剂学,卫生保健
10	University of Szeged	赛格德大学	Szeged	英语,语言学,文学,法律,普通医学,药剂学,经济学,商务管理,数学和计算机科学,物理学,化学,生物学,环境科学,地学
11	Szent István University	圣伊斯特万大学	Gödöllő	农业科学,畜牧业,动物科学,经济学和财政科学,经济与社会科学,建筑工程,民用工程,信息学,环境工程,食品技术,机械工程,兽医学,园艺学

续表

序号	大学		所在城市	主要学科
	英文名	中文名		
12	University of Veszprém	维斯普勒姆大学	Veszprém	商业经济、旅游和酒店管理、化学工程、信息技术、环境工程、植物保护
13	Budapest Business School	布达佩斯外贸学院	Budapest	经济学和财政科学、旅游和酒店管理
14	Hungarian Academy ofFine Arts	匈牙利美术学院	Budapest	绘画、雕塑、美术设计、多媒体合成、舞台和服饰设计、作品修复
15	Hungarian University of Craft and Design	匈牙利工艺设计大学	Budapest	建筑设计（建筑、室内、家具）、工业设计（产品、包装、珠宝）、视觉交互设计（图形、印刷、摄影、动画）玻璃陶瓷美术设计
16	Széchenyi István University of Appied Sciences	寨切尼·伊斯特万实用科学大学	Győr	建筑工程、民用工程、电子工程、机械工程、交通工程、市政工程、环境工程

第三节 匈牙利高等教育及其优势学科

一、匈牙利高等教育概况

2009 年匈牙利教育文化部公布了匈牙利高等教育机构的名单，共 70 所，分公立高校和非公立高校两种，其中公立大学 18 所，公立学院 11 所，非公立大学 7 所，非公立学院 34 所，在非公立院校中有 21 所院校是教会学院。

各高校的优势学科大多能用外语开课，主要语种有英语、德语和法语。

二、匈牙利高等教育优势学科与专业

匈牙利高等教育发展历史悠久，不管是在人文艺术、历史等学科，还是在科学技术等理工科方面都具有其独特的优势和鲜明的特色。其特色专业如下：

1. 文科专业：音乐、美术、文学、艺术、设计、舞蹈、社会科学、政治学、经济学等。

2. 理工科等专业：数学、物理、化学、化学工程、医学、药学、建筑、建筑工程、食品工程、农业、园艺科学、环境科学、信息科学、交通工程、机械工程等。

3. 匈牙利优势学科在各院校的分布有其区域和发展历史特点，其优势学科如下表 5-2 所示。

表 5-2 匈牙利优势学科在各院校的分布（部分列表）

	优势专业	分布院校名称
文科	音乐	李斯特音乐学院、赛格德大学、德布勒森大学
	美术	匈牙利美术学院
	文学、艺术、设计、舞蹈	罗兰大学、德布勒森大学、莫后伊·纳吉艺术与设计大学、匈牙利舞蹈学院、布达佩斯戏剧与电影学院
	社会科学、哲学	考文纽斯大学、罗兰大学、中欧大学

	优势专业	分布院校名称
文科	政治学	考文纽斯大学
	经济学	考文纽斯大学、布达佩斯技术与经济大学
	工商管理	佩奇大学、考文纽斯大学、布达佩斯技术与经济大学、中欧大学、布达佩斯外贸学院、布达佩斯国际商学院
理工科	数学、物理、化学、化学工程	罗兰大学、布达佩斯技术与经济大学、德布勒森大学
	工程物理	布达佩斯技术与经济大学
	医学、药学	赛格德大学、佩奇大学、德布勒森大学、赛梅维斯医科大学
	体育训练和教练培养	赛梅维斯大学
	建筑、建筑工程	布达佩斯技术与经济大学、米什科尔茨大学
	电子工程、软件工程、信息科学	布达佩斯技术与经济大学、米什科尔茨大学、布达佩斯国际商学院
	交通工程、机械工程、工程技术、材料科学	布达佩斯技术与经济大学、米什科尔茨大学
	食品工程、农业、园艺科学、环境科学	考文纽斯大学、圣伊斯特万大学、攀能大学、罗兰大学、德布勒森大学、布达佩斯技术与经济大学
	地球科学（地学）、测绘	罗兰大学、德布勒森大学、西匈牙利大学
	生物学、动物学	德布勒森大学、考博斯瓦尔大学
	国防科技	瑞伊·米克鲁斯国防大学

三、匈牙利高等院校的特色

匈牙利高等教育因为长期的历史和文化积淀，具有非常鲜明的自身特色，具体如下：

（一）四大医学院在欧洲享有盛誉

赛格德大学、佩奇大学、德布勒森大学、赛梅维斯医科大学得到欧洲其他国家的认可，许多西欧国家的学生慕名而来。

（二）音乐、美术、艺术、设计等教育出类拔萃

李斯特音乐学院等是世界著名的高等学府。

（三）匈牙利排名前五的高校在欧洲影响力较大

罗兰大学（1635 年）、赛格德大学（1872 年）、佩奇大学（1364 年）、德布勒森大学（1538 年）、布达佩斯技术与经济大学（1782 年）在欧洲有较大的影响力。

（四）大胆创新，人才辈出，科技领域成绩出众

匈牙利人中曾产生 13 名诺贝尔奖获得者。西奥多·冯·卡门（Theodore von Kármán，1881—1963）、利奥·西拉德（Leó Szilárd，1898—1964）、尤金·维格纳（Eugene Wigner，1902—1995），约翰·冯·诺伊曼（John von Neumann，1903—1957）、爱德华·泰勒（Edward Teller，1908—2003）等 5 人都在各自的学术领域甚至世界历史进程产生了重大影响。如冯·卡门是世界著名的空气动力学专家，是中国导弹之父钱学森先生的导师，为喷气式飞机和导弹的开发研制作出过重大贡献；冯·诺伊曼参与了数字计算机的研制与早期核武器的开发，还为开创博弈论做出了历史性贡献；西拉德是"曼哈顿工程"的第一推动力。维格纳率先采用群论研究原子的对称性，于 1963 年获得诺贝尔物理学奖；泰勒在分子物理学、天体物理学与核物理学领域都有重大建树，还有"氢弹之父"的称号。另外一些诺贝尔奖获得者分别为丹尼斯·嘉堡（Denis Gabor，1900—1979），在全息学和核裂变方面都从事过开创性的工作，1971 年因全息学领域的研究成果获得诺贝尔物理学奖；艾尔伯特·山特—格约尔基（Albert Sacnter-Gyorfy，1893—1986）1937 年因分离抗坏血酸这一重大成就而获得诺贝尔生理学奖；迈克尔·波兰尼（Michael Polanyi，1891—1976）不仅是杰出的化学家，还是卓有成就的经济学家和哲学家；亚瑟·科斯特勒（Arthur Koestler，1905—1983）是才华横溢的作家和科学史家。

四、分析与启示

匈牙利从 19 世纪末到 20 世纪 40 年代，培养了诸多年轻精英，他们给世界带来了巨大变化。究其原因主要有：

（1）多文化环境。由于长期受奥匈帝国的统治，当时的匈牙利人普遍学习和掌握德语，熟悉和了解德国文化。

（2）迫使人为了成功而奋斗的外部压力。关于外部压力，诺伊曼称，人们感受到的极度的不安全，还有做出超常贡献的必要性，否则就面临灭亡。

（3）教育投入巨大，引领科技革命，早期教育投入约占 GDP 的 10%，近十多年匈牙利的教育投入占 GDP 的 5%以上。

（4）科学态度和创新精神。

第六章

匈牙利高等教育人才培养计划

第一节　匈牙利研究型大学的评估体系、标准及其影响

近年来，匈牙利政府针对利用欧盟资金促进高等教育进行大力发展的问题，提出了着力建设 10 所研究型大学的计划，并制定了研究型大学的评估体系及标准。

匈牙利高等教育在欧洲拥有比较长的历史和一定的影响力。目前，匈牙利政府承认的高等院校共 70 余所，这些院校都依照匈牙利《高等教育法》设立、运作与管理。按照匈牙利政府的分类方法，匈牙利高等院校可分为公立大学、公立学院、非公立大学、非公立学院四种，其中公立大学 18 所，公立学院 13 所，非公立大学 13 所，非公立学院 32 所。大多数大学具有博士学位授予权，学院一般具有学士学位授予权，部分具有硕士学位授予权。

匈牙利高等教育及高等教育制度旨在促使高等教育机构的成果在可预见的时间内能够登上欧洲乃至世界的舞台。出于这一目的，匈牙利政府对其相关高等院校进行了一次评估，评出 5 所研究型大学和 5 所杰出大学。匈牙利政府教育主管部门根据《高等教育法》2005 年的第 139（CXXXIX. 条）及 2009 年修改版本中的第 5 条第（6）点，以及 2009 年的第 276（XII. 4.）项规定，由政府指定的研究型大学评估委员会（以下简称"委员会"）制订的评估方案来决定相关高等教育机构是否被授予"研究型大学"的称号。

一、研究型大学评估委员会的组成成员（制定评估体系的专家们）

在匈牙利，研究型大学的评定是一个政府指导下的跨部委行为，虽然该项行动属于高等教育领域，即国家社会资源部管理的事务，但为了具有更高的权威性、代表性和公正性，评定委员会成员由相关部委的一把手组成，包括：匈牙利科学院院长、匈牙利大学校长联席会议主席、匈牙利高等教育鉴定委员会主席、高等教育与科学委员会主席、国家博洛尼亚委员会主席（博洛尼亚委员会，是匈牙利国家社会资源部高教科学司下属的专业顾问委员会）。

二、参与高等教育机构评估申请的相关政策

（一）评估目的

向那些符合大学办学基本条件并且达到特定办学质量的高校授予"研究型大学"的称号，以此推动高等院校尽快登上欧洲高等教育乃至世界高等教育的舞台。

（二）申请范围

符合国家高等教育法规 1 号附件条款，并被国家承认的大学都可以申请。

（三）申请条件

申请国家研究型大学的高校需要满足以下条件：

（1）具备完成大多数高等教育机构和组织在一定数量上持续的战略性基础研究和应用性研究能力；

（2）从事大量国内以及国际研究、发展和创新活动，能将这些活动的成果发表在有重大影响的杂志期刊、书籍、专著、公益出版物上，并且运用到实际的教学中去；

（3）完成各个层次、高度的工作，并将这些工作的成果应用到博士培养上；

（4）在研究和教育方面都进行着大量的国际合作。

（四）申请内容

申报研究型大学主要有以下两方面的内容：

1. 过去的一段时间内有关高校科学成果的汇报

在这部分申请单位需要真实地提供本机构在过去 5 年中所获得的杰出奖项和被授予的荣誉称号。

申请主要提供以下四方面的指标：

（1）科研能力情况；

（2）博士生培养以及人才建设情况；

（3）全职工作的教育者、研究者的出版物情况；

（4）从事基础及应用性研究、发展和创新活动（简称"K+F+I"）相关的体制、投入的支持以及获得的收入情况。

2. 机构的规划

（1）申请机构如何有效利用有可能被授予的"研究型大学"称号，如何集中利用现有的资源和欧盟的支持来维持以及增进自身的成绩。

（2）满足以上条件的申请机构还需要符合下列条件：符合最基本的 5 项评判标准指标（见后文）中的 3 项。

（五）评估的主要参考依据及评估标准

1. 评估的参考依据及指标分值

（1）过去的科研成果（至多 85 分）；

（2）科研能力（至多 21 分），详见表 6-1 所示；

（3）博士培养和人才建设（至多 21 分），详见表 6-2 所示；

（4）以学科种类划分的全日制工作的教育者、研究者的出版物（至多 23 分），详见表 6-3 所示；

（5）从事基础及应用性研究、发展和创新活动（K+F+I）投入的支持以及获得的收入情况（至多 20 分），详见表 6-4 所示；

（6）机构的规划，包括短期、中期和长期的相关规划内容（至多 15 分），详见表 6-4 所示。

2. 研究型大学的评估标准

最基本条件（下面 5 项条件中至少需要满足 3 项）：

（1）该机构主要岗位的学者、研究者中符合资格要求的比例至少应达到 50%；

（2）学院的科研团队数量至少有 3 支；

（3）拥有博士点的学院至少达到 5 个；

（4）拥有博士点的学院主要成员数至少为 50 人；

（5）K+F+I（从事基础及应用性研究、发展和创新活动）收入的比例最低达到 5%。

表 6-1　科研能力评分体系

评判要求	分值
拥有相关学位、全职工作的教育者、学者数量和比例，即在科学学科方面的 MTA（匈牙利科学院）成员以及文学学士、理学学士/硕士/博士学位的成员数量。申请要求：获得相应资格的比例占整个机构的 50% 以上	10
学院的科研团队数量。申请要求：整个机构至少有 3 个科研团队	
科研基础设施的建设情况	4
国内外杂志编辑团队成员数	3
参与国内外科研机构的代表数	
获得国家奖金（奖学金）和表彰的情况（通过官方公布的）	4
获得国内外科学以及专业荣誉称号的情况	

表 6-2　博士培养和人才建设评估体系

评判要求	分值
拥有博士点的学院数量、名单以及合格建立年份。申请条件：申请学校至少拥有 5 个博士点	8
拥有博士点的学院主要成员数量。申请条件：至少 50 人	
博士在校生的人数（包括正常学制、函授和其他形式的学生）	7
5 年以内获得博士学位的在校生的数量和比例	
在 OTDK（匈牙利国家学生科研论坛）中的席位	3
获得 Pro Scientia（从事科学领域的人）金奖的数量	
在机构内部人才培养的项目数量、专业研究学院的数量（参与该项目学生的数量以及与实际学生数的比例）以及参与个别指导研究课的教育者和学生的数量	
参与国际项目的教育者和学生的数量、比例	3
外国语言学科的数量、学生数以及授课教师人数	

表6-3 以学科种类划分的全日制工作的教育者、研究者的出版物评分体系

评判要求	分值
国内外（外语）出版物的数量	6
国内外专论的数量	
出版物国内外引用的数量	6
出版物可证实的影响面	
学者（在国内科学领域排名前25位的学者）的姓名等相关信息。上述学者详细的生平、科研成果以及在官方的信息库（如匈科学院信息库）中的相关文件	9
在过去5年中最杰出的10个出版物及其信息（科学领域）	
获得的国内外科学以及专业领域的荣誉	2

表6-4 从事基础及应用性研究、发展和创新活动（K+F+I）投入的支持

以及获得的收入情况评分体系

评判要求	分值
国内外直接得到的或者申请得到的支持/收入（在过去的5年里按照年份计算），如OTKA、NKTH、EU的项目或者其他项目	6
从事基础及应用性研究、发展和创新活动（K+F+I）的收支比例。申请要求：至少大于5%	6
申请ÚMFT K+F的参与合作	6
拥有能够加强高等教育和经济的关系的知识信息科技组织（学历组成、经济合作以及相关专著的数量）	2

三、2010年研究型大学评估的过程和结果

研究型大学评估委员会于2009年12月制订出评估方案，并于2010年1月5日之前进行核查确定。委员会聘请独立的专家在截止日期（2010年1月29日）之前对提出申请的机构进行评估，直到2010年3月1日产生结果并递交国家社会资源部。研究型大学的评估结果由教育部决定并于2010年4月16日公布。

目前，被授予研究型大学称号的有：塞梅维斯大学、塞格德大学、德布勒森大学、罗兰大学以及布达佩斯技术与经济大学。

获得杰出部级大学荣誉的有：佩奇大学、圣·伊斯特万大学、米什科尔茨大学、考文纽斯大学和潘诺尼亚大学。

研究型大学评估项目还包括了促进人才潜力的发展，即相关机构与国际知名学者合作共同在各个层次的教学实践中完成人才的培养。

自 2012 年开始，参与研究型大学的评估机构将会获得以科学标准化分配的资金支持，同时评估的标准应用到科学标准化分配方式中去。

四、评估对大学教育的影响

评估体系作为政府对大学投入的一项重要依据，对大学的长期发展至关重要，同时，对大学财政的影响特别明显。

五、政策分析

目前，匈牙利新政府对高等教育的目标、计划和措施仍未明晰，但是对高等教育的办学效率已提出了要求，希望高等院校能在当前的情况下进行大的改进，努力提高办学效率。因此可以看出如下几点：

（1）匈牙利政府仍坚持大学高度自治的政策，使大学能够在竞争中获得发展。

（2）把大学置身于欧盟高等教育体系中，培养其竞争力。获得欧盟资金支持的高校不一定是匈牙利政府高度认可的院校。

（3）由于匈牙利目前的经济状况仍处于低迷状态，匈政府无法大力支持高等教育进行大力度的科研活动。

（4）由于新政府为在野党时，否决了前政府关于高等教育收费改革的计划，致使新政府在高等教育方面的改革困难重重。

第二节　匈牙利政府对高等教育人才
培养的计划及措施

匈牙利政府对教育一直非常重视，其教育投入一直占 GDP 的 5%~6%，而高等教育的投入也比较高，占 GDP 的 1%。匈牙利政府对高等教育的人才培养一直设有相关计划及项目支持。由国家社会资源部高教司组织、举办和支持的人才培养计划与项目有：（1）学生的科研圈；（2）专业研究学院的申请；（3）共和国奖学金；（4）Deák Ferenc 奖学金的申请；（5）"国家的杰出人才"项目。

一、学生的科研圈——全国学生科研论坛

学生科研论坛的宗旨是帮助学生加深与必修课程相关拓展知识的理解和掌握以及延伸，同时为学生的科研活动提供条件，此外也对个人或者以小团队的形式进行的科学活动提供了舞台。参加的学生都是在完成正常课业要求的前提下加入某个研究团队，并将研究成果写入论文或者提交给每两年举办的全国学生科研论坛（OTDK）。

根据传统，OTDK 的参加者都是由最优秀的大学生和中学生组成的，而每次提交的成果都由全国的科学院士、教授、名人等组成的评审委员会进行评审。

国家教育部门每年都会系统地对 OTDK 的组织和举办以及 OTDK 秘书长的工作进行拨款（2009 年教育部门对第 24 届 OTDK 的举办和秘书长的工作分别拨款 3000 万福林、1000 万福林）。在近几年内参与者平均每年向 OTDK 提交的论文有 3000 多份。

二、专业研究学院的申请

专业研究学院的宗旨是建立专业研究项目，从而促进高水平、高质量的专业教学，帮助学生创造性思维的建立与发展，培养学生参与社会活动的意识和能力，对社会问题的感知以及个人认知能力的发展。专业研究学院是培养社会化认知的舞台，这种特定的教育和能力的培养机构体系很好地为人才培养提供了条件，这样的机构也为具有广阔视野的社会精英的培养创造了有利的条件。

几十年来这些专业学院机构一直以学生的思想认知为中心，并为大学里的年轻学生提供了可进行独立思考的环境。专业学院的工作变得越来越重要，在不断变化的环境里对专业学院不变的需求使得大家意识到建立专业学院相关系统性办学准则的必要性。部分专业研究学院于2003年制定了专业研究学院办学准则，形成了由16条细则组成的专业研究学院《大宪章》。

对专业研究学院的申请准则也都记录在《大宪章》的细则里。每年都可以提出对专业研究学院的申请，其目的是为那些在专业研究学院里从事创造性思维人才培养的人提供支持和保障，包括专业项目和人才项目的制定和实施；小规模基础设施的引进以及实际的运作。

专业项目、多姿多彩的社会生活的参与都促进了高等教育机构声誉的提升。2009年22所专业研究学院获得了国家3980万福林的财政拨款；2012年获得国家拨款2400万福林。

三、共和国奖学金

已有多年历史的匈牙利共和国奖学金每个时期都由教育部长颁发给在一学年（10个月）内有突出学习成绩或者科研成果以及在专业领域完成高水平任务的学生。

申请共和国奖学金以学年为单位，根据申请人申请，高等教育机构评审确定候选人名单，将奖学金候选人名单递交教育部长审核、通过后发放。一般来说奖学金和相关证书的发放都是在新学年的开学典礼上进行。

四、Ferenc Deák 奖学金的申请

设立 Ferenc Deák 奖学金的目的是支持国家高等教育机构教育者，尤其是研究学者的后备力量，主要支持进行科研的博士学位候选人。

申请博士学位候选人奖学金须符合以下条件：

①申请人申请的当年不可超过36周岁；

②需要在高等教育机构或者国家科学院在高等教育机构设置的科研单位中有长期、稳定的全职工作关系。

2009—2010 学年中 36 人获得该奖学金，连续发放 9 个月的奖学金数额为 10 万福林/月/人。

五、"国家杰出人才"项目（ÚMFT TÁMOP 4.2.4. 项条款所指的申请项目的建设）

"国家杰出人才"项目是为了表彰那些在科研方面有杰出成果的人士，同时促进他们在高等教育、科研活动、国家经济和欧洲经济方面获得重大成果。不限具体在哪个科学领域的成果，但优先考虑在数学、技术科学和自然科学领域的成果。

"国家杰出人才"项目通过对学生、教授和学者的人才培养项目的支持，政府希望可以为匈牙利乃至外国学者在匈牙利进行科研提供支持和帮助。

1. 项目目标

（1）为杰出的学生、博士候选人、博士和研究学者提供帮助，使其提高科研能力；

（2）实施全面的学生、学者和研究者的人才培养计划；

（3）吸引在国外从事科研工作的学者回国发展。

以上支持的先决条件是申请人必须积极参与相关的高等教育中有关基础及应用性研究、发展和创新活动（简称"K+F+I"）的项目，在科研项目中获得可记录的研究成果。

2. 项目计划及资金支持

该项目 2010 年底展开，资金支持总额为 14 亿福林（约 640 万美元）。

3. 项目预期的成果

（1）科研能力的提高；

（2）科研和创新成果；

（3）吸引在国外从事科研工作的学者回国发展。

第三节　金融危机在匈牙利的蔓延及其对教育的影响

一、2008 年金融危机对匈牙利经济、社会的影响

统计数据显示，2008 年匈牙利国内生产总值仅增 0.5%，政府财政赤字占国内生产总值的比例为 3.3%，政府和私营部门的外债总额占国内生产总值的比例高达 107%。受金融危机影响，布达佩斯股市主要股指 2008 年下跌 53.3%。2009 年 2 月份，匈牙利工业生产总值同比下降 25.4%，出口总值同比下降 30%。匈牙利银行体系过度开放，并按照美国的金融模式运作。但由于金融体系脆弱、国际应对经验欠缺、金融机构弱小、债务过重、应对危机管理水平偏低，致使其模仿美国的高赤字、高举债经济模式，对外币的依赖度较高，而外债的 1/3 是以外币方式存在的。

为节减开支，政府减少各类津贴，冻结公共部门的工资，减少煤气取暖等补贴，同时提高销售税，其中增值税由 20% 提高到 25%。迫于财政压力，匈牙利政府还决定关闭其驻智利、卢森堡、委内瑞拉等 12 个驻外领事馆，迁移 3 个驻外使团，以削减财政投入。

二、财政困难引发教育投入减少

高等教育基本投入减少，使高等教育改革难以维持。2009 年匈牙利教育文化部公布了匈牙利 70 所高等教育机构（分公立高校和非公立高校两种，其中公立大学及学院 29 所）。由于高等教育机构所需教育经费基本由中央财政拨款，教育投入占据了 GDP 相当大的比例。因此，在金融危机全球蔓延的形势下，特别是匈牙利外债高垒的情况下，教育投入也相对困难。

由于整体经济的大幅萎缩，高等院校面临前所未有的困难。为了维持学校运作，高等院校只能采取减少公共服务人员的办法来谋求发展。

三、大学毕业生就业堪忧

据了解，由于就业环境的压力，社会可提供的就业岗位不断减少，致使不少毕业生无法就业。有的学生 2006 年毕业，2008 年仍未找到工作，他们称虽然有很多招聘单位，但是并没有聘用人员。同时，高校学生毕业率在下降，一方面是经济压力大，二是对前途产生困惑，三是无法找到合适的工作。

四、对教育者和被教育者的信心产生严重影响

经济危机对教育者和被教育者均产生较大影响，特别是打压了他们对未来的信心。教育者没有足够的经费支持科研工作，被教育者面对社会未来的不确定性而信心动摇，对学习的热情和对科学的追求不如以往。

五、恶性循环加剧

在整个社会教育投入及家庭生活压力的双重作用下，教育分别从社会和个人两个层面产生了恶性循环。

第四节　匈牙利高等教育质量控制体系

匈牙利高等教育领域的制度安排及运行机制较为完备，师生互动积极有效，资源环境充足平衡，这使得匈牙利高等教育的教学质量得到了保证，形成了强有力的质量控制体系（董竹娟等，2018）。

一、从内部治理结构上保障教学治理

董事会决策、校长负责和教授治学，从内部治理结构上保障教学质量。董事会制度是高校内部治理结构的基石，为了确保高校内部治理体系的平稳运转，主要通过聘任校长、筹措与管理学校资源、审批规划和预算、监控学校运作等方式，大力保障教育质量。董事会通常下设执行委员会、教育事务委员会、学生事务委员会等，对人才培养的各个环节进行直接把控，如招生、教

学、就业指导、毕业生质量跟踪等。一些董事会成员本身又是资深教授，他们不仅为学生授课，还能通过教学及时了解一手信息，发挥监督作用。

校长由董事会聘请，并被授权负责学校运行、筹集经费、提升学校声望等事务，是大学行政管理的核心。校长一般对教学质量非常重视，通常让教务长来负责教学和学术事务，教务长在选择教员、安排课程、授课质量和学术预算等方面对校长直接负责。校长和教务长的专业素质和管理能力会间接影响大学的教育质量。

教授委员会为学校的教学质量保驾护航。匈牙利高校的组织机构比较完善，教授委员会（或称学术评议会）分为校、院、系三级。教授委员会不仅负责学校教育政策、规划、预算等领域，而且在涉及学校（院、系）教学科研等重大事项中负有首要责任，这包括教师聘任、课程设定、教学内容与方法、科学研究、学位授予以及与教育过程相关的学生生活等。教授委员会的作用发挥使教授治学、教授治校的目标得到了真正实现，对匈牙利高等教育的健康发展起到了推动作用。

二、配套机制

严格的把关机制度使课程质量得到了有效保障。课程设置制度需要配套机制才能顺畅运行。匈牙利高校经过多年的探索，一方面是形成了一套严谨的课程设置机制，其中，全校性的通识教育类课程由学校一级负责，而专业主修课程由院系一级负责，分级把关审核。每一级都成立了课程评估委员会或职能类似的机构，不仅对课程的价值、可行性以及是否与学生需求相符进行评估，还严格审核教学大纲、课程安排、作业安排、考核评价方式等。另一方面是授课内容的把关机制。对师生而言，课程大纲就相当于一份契约，学生可以向学校投诉教师未按照大纲要求进行授课，可能会造成教师被约谈或解聘的局面。

三、配备学业导师

为了给学生提供针对性的学业指导，学校为每一名学生配备学业导师。学业导师需要指导学生选择适合的课程，因此要了解学生的文化背景、成长情况等。针对学业基础相对薄弱的学生，帮助学生制订循序渐进的学业规划，学业导师会采取短期目标与长期目标相结合的方式。

四、设立学习辅导站

匈牙利高校对学生学习策略和方法的指导十分重视，很多高校设立诸如写作中心之类的学习辅导站，学生可以通过预约来获得"一对一"的指导。任课教师也要安排时间，为有需要的学生答疑、辅导。

五、网上学生评教

学生通过评师网等网上教学评价平台，不仅可以评价教师的教学态度、教学方法、授课水平、教学效果，以评促教，而且可以从平台上了解教师的教学内容、授课风格等信息，为选课提供参考。

六、配备专门人员

为学生在图书及数据库使用、健康服务、心理咨询等方面提供充分的保障。其中，在提升教育质量方面十分新颖地运用网络信息技术，充分发挥网络信息技术的作用来促进教育公平以提升教学质量。作为信息技术比较发达的国家之一，匈牙利在高等教育中普遍运用网络信息技术、大数据技术，不仅能够使学习成本大大降低，还让学生在不同地域都能接受到同等质量的教育，实现了资源共享。同时，网络课程能够让学生反复学习，提高学生学习效果。

第七章

课程设置、学生培养与特色教育

第一节　匈牙利艺术设计教学的特点

匈牙利在文化艺术，特别是音乐、建筑艺术方面处于世界先进水平。匈牙利应用艺术大学（Hungarian University of Craft and Design）是匈牙利艺术设计教育规模最大、最具权威的院校。作为公派访问学者，我曾在该校学习进修一年，对匈牙利艺术设计教学进行了多方面的考察，并深入教学各环节，亲身体验了其教学特点，对中匈两国艺术设计教学进行了多方面的比较与分析。以下几方面值得中国学习与借鉴。

一、培养创造力

创造力是艺术家与工匠的根本区别。在匈牙利应用艺术大学不设临摹课。一般从第一堂课开始，就进行设计教学。老师按照教学计划，讲清课程总的目标、任务与要求。对于学生作业，教师只给出一个大致范围和总体要求，然后让学生根据自己的兴趣去选择自己所要表现的具体内容，选择和尝试所要应用的具体表现手法和具体构图形式。讲评时，教师特别注重学生对自己作业的各种想法，注意肯定学生作业中具有创造性的东西。对学生作业中出现的技法方面的问题，只是适当地给予指导，提出一些建议，或提供一些参考书籍，不过多地指出这方面的问题，也不从这个角度过多地批评学生。这样做的益处在于，把学生的主要精力与注意力引导到创造方面，鼓励他们表现自己的特殊感受和进行不同表现手法的试验，使他们逐渐养成感受生活、自己去寻找解决问题的办法的习惯。中国国内艺术设计教学中，以技法为主，低年级，甚至有些学院到三年级还只教纯技法。这使学生虽在某些技法方面有较大提高，但在对生活的感受、想法和艺术观念的形成、想象力与创造力的培养等方面比较欠缺。

二、训练想象力

想象力是艺术家必须具备的素质。没有丰富的想象力，就不可能创造出新的具有艺术价值的作品。在匈牙利应用艺术大学，从一年级开始，教师就特别注意培养与训练学生的想象力。鼓励他们去发现生活中感人的、有趣的事件和形象，培养他们从某件事或某种感受展开联想的习惯。这种教学创造的课堂气氛非常活跃。对同一问题，不同的学生会提出不同的看法；对同一次作业，不同的学生可做出不同的效果。虽然学生有好多想法并不成熟，但这种教学要求和方法使学生在想象力方面较早得到了训练。中国的艺术设计教学由于在教学中受到教学理念、教学模式等方面的影响，学生想象力欠缺。匈牙利在这方面的教学方法与成功的经验，可借鉴应用。

三、保护个性

个性是艺术家形成独特风格的基础。匈牙利应用艺术大学在教学中特别注重对学生个性的保护与培养，鼓励学生尽可能表现自己特有的感觉，充分肯定学生作品中特有的因素。学生完成的作品，因人而异，个性鲜明。教师对学生的作品逐一讲评，这给教师增加了教学工作量，但有益于学生个性的保护与培养。学生谈各自的想法，教师根据学生的想法和作品中的体现形式进行详细的分析与讲解。主要是鼓励、引导、启发，较少示以"范例"，更不强迫学生修改。对于明显的技巧问题，教师一般只提出建议，让学生慢慢去思考、体会、提高。教师使学生较早地了解并懂得这样一个道理：艺术语言的种类有很多种，艺术的表现形式是多样的。学生由此认为，我也能够创造一种属于自己的艺术语言和形式，表现自己独有的感觉和想法。中国学生在个性发展方面较弱，习作想法近似、手法雷同，是教学中常见的现象。多幅作品像是一人设计的，缺乏个性。他们在学习中，大都只是尽最大可能地去模仿某位大师的某种手法，一般不会产生要创造一种艺术语言的念头。存在此类问题，主要是传统的教育模式（示范—模仿）和依赖性的学习心理所致。

四、表现感觉

艺术家必须有自己的思想、观念、个性。教师在教学中培养学生尽可能多地应用各种手法，使学生表现自己对物象的各种感觉。教师常常结合伟大艺术家在这方面的作品，启发学生对不同的形象产生不同的感觉。更重要的是能够对同一形象，在不同的时间、不同的环境、不同的心情下，产生不同的感觉。学生常常很自觉地去探索自己的艺术语言，去更好地表现自己对生活的独特感觉。这样做丰富了学生的表现手法，培养了对同一形象进行不同处理的技法（强调、夸张、变形、分解、组合等）和应用多种构图形式的能力。中国的高等学校在艺术设计教学中，在这方面重视不够，学生得到的训练较少。中国高校的学生想法少，有些学生甚至没想法。这种现状，实际上是整个教育过程中传统的传授式教学模式和"从师"的学习心理造成的明显缺陷。对此，应予以重视，改变相应的艺术教育理念，借鉴、应用新的教学法。

五、评判标准

评判标准直接影响着教学的过程和结果。匈牙利应用艺术大学教学中的评判标准与中国院校明显不同。中国主要以"技法水平"的高低为标准打分，而匈牙利主要是以学生"想象力与创造力"的强弱为标准打分。因此，两国学生在不同年级，表现出明显的不同。比较两国低年级学生的习作，中国学生的某些技法水平较高，但技法形式、表现形式单一，创造方面较弱。匈牙利学生虽某些技法较弱，但技法种类较多、表现形式多样，创造能力较强。这得益于他们从一开始就把教学重点放在创造性方面，而中国学生在四年的学习中，几乎把多半时间用于对技法的训练上，用于创造力与想象力训练的时间较少。不同的评判标准，在两国学生的毕业设计作品中体现出质的区别。匈牙利学生的作品，内容丰富、形式多样、技法与内容比较统一，成为较成熟的作品。而中国学生的毕业设计作品，内容简单、雷同，形式单一，技法应用不够灵活，形式与内容有欠统一，习作感强。可以说，匈牙利学生毕业时，已具备了一个艺术家的基本素质。

六、确立自信心

充满自信的心理是学生学习的最佳状态。有了自信心，学生对学习产生兴趣，焕发激情，会大胆地探索、创新，否则只能被动地按照习惯去做。自信心强是匈牙利学生与中国学生的一个很大区别。匈牙利学生在课堂上大胆畅谈自己的想法，在作品中勇于尝试。他们会向教师提出种种问题，共同探讨。这与教师经常的鼓励密不可分。中国学生学习的习惯心理是认真听讲，努力按照教师讲的去做，尽可能多地从教师那儿学点东西。对教师的讲评，则是准备"听批评"。这在很大程度上与传统教学模式和部分教师的教学方法有关。因此，中国的教师要转变观念，改进教学方法，要真正爱护学生，保护学生的个性，使他们树立起学习的自信心。

第二节　匈牙利体育教育人才培养特点

地处欧洲中部的匈牙利，人口不足 1000 万。匈牙利体育代表团在历届奥运会上都取得过优异成绩。早在 1952 年赫尔辛基奥运会，曾取得过 16 枚金牌，在 2000 年悉尼奥运会，通过与众多强国的激烈竞争，取得了 8 枚金牌。金牌数与其国家人口相比是很高的，这反映了该国体育教育和体育运动的水平。匈牙利在奥运会上能取得出色成绩与高等教育中的体育教育是分不开的。匈牙利共有公立高等院校 30 余所。高等教育中的体育教育是匈牙利高校不可缺少的组成部分。政府高度重视体育教育，将其重要性提高到"建立一个健康的匈牙利民族"的高度。匈牙利高等教育中的体育教育有其自己的特点，在不少方面值得中国学习和借鉴。

一、政府高度重视

匈牙利政府通过法律、法令促进、保障、强化体育教育。早在 1952 年，政府就决定在大学里开设的体育课设为必修课，使体育教育成为高等教育必不可少的组成部分，以适应社会发展需要。

1993 年，匈牙利国会通过了《高等教育法案》，明确了高等教育宗旨。高等教育的根本任务是"培养具有现代文明知识的优秀专业人才，满足社会发展的需要"。所培养的专业人才，"在身体素质、心理素质等方面有能力完成他们所承担的社会责任"。高等教育中体育教育的任务是"建立一个健康的匈牙利民族"。《高等教育法案》规定，高等教育机构应"全面继承民族文化，培养知识人才""确保教育、锻炼条件""提供各种信息和服务""使学生在校全面发展，掌握健康知识""通过体育教育和体育锻炼养成健康的生活方式"。

政府职能部门重视体育教育。教育部认为，绝不能把高等教育中的体育教育仅仅看成是健身，而应当把它作为人文教育和教育政策的问题予以优先考虑。因为它首先有助于培养新一代知识人才，发挥他们应有的社会作用，此外还有助于他们自身的专业发展。体育青年部把高等院校的体育教育看作青年工作的一部分，是国家培养优秀体育人才的有效途径。政府对体育教育高度重视，具体体现在尽最大可能支持高校体育教育，最大限度地扩大和增加学生参与体育运动的机会。《高等教育法案》的实施，使各高校安排的体育教育和体育锻炼时间不断增加，内容不断丰富。

二、经费保证

匈牙利由于 20 世纪 90 年代社会制度改变，近年来政府预算一直相当紧张。即使在这种情况下，政府用于体育项目的经费仍不断增加。1998 年投入4300 万福林，1999 年增加到 6000 万福林。匈牙利高等学校体育联合会是国内高校体育比赛和体育活动的组织机构，其活动经费已列入体育青年部的预算。教育部和体育青年部 1999 年各自出资 500 万福林支持其开展活动。

经费支持是高校进行体育教育的必要条件。1998 年高等学校第一次将体育教育经费列入学校专项预算。教育部为促进高校体育教育的发展，2000 年起用于体育方面的经费标准由过去每个学生每年 200 福林大幅度提高到 820 福林。政府加大经费支持力度，为学校充实体育教育内容、扩大体育锻炼和文化及其他娱乐休闲等方面的活动提供保障。820 福林中，支持体育锻炼和体育活动的经费不低于 85%，用于保证日常教学、专业训练、体育活动、校内比赛、野外宿营和在区域及全国范围内组织的校际体育竞赛。用于其他休闲文化活动的经费不超过 15%，这部分经费可以由高校的学生会使用。

"全国大学校长会议"同意匈牙利高校体育联合会间接分享学校的体育经费。各学校按每个学生每年 100 福林的经费标准交给体育联合会，作为学生的会费。因此，学生本人无须自己交费而自动成为匈牙利高校体育联合会的会员，并有权参加联合会组织的全部活动。

三、高等院校的体育教育任务

通过高等院校体育教育，使学生的身体素质和心理素质能胜任社会责任。高等院校的学生无论在校还是毕业后，都能积极参与体育活动，保持身体健康、精力充沛。具体任务为：

（1）培养良好的心理素质，养成健康的生活方式，树立正确的健康理念，掌握科学的健身方法。

（2）传授体育基础理论知识，提高身体机能、身体素质、运动技能，发展个性，健全人格。

（3）测试、评价学生身体健康状况，制订相应的健身计划。

（4）保证伤、残、病人与正常人一样享有参加体育锻炼和进行体育交流的机会。

（5）通过参加体育竞赛，培养学生良好的意志品质，增强竞争与合作意识。

四、教学要求

（1）体能评价。在所有高校中，第一学期的前两个月，首先测试新生的身体机能，调查学生对体育项目的爱好，据此制订学校体育教学计划。

（2）运动技能。了解多种体育项目的基础知识，掌握基本技术，有参加比赛的能力。在高水平的体育活动中，应了解比赛规则和有关战术。

（3）理论知识。学生必须了解的体育理论知识有：体育锻炼的自我监督与评价；健康生活方式的组成部分；独立指导自己健康锻炼的知识。

（4）心理健康与生活方式。建立健康的生活方式是实施体育锻炼的重要目的。包括建立科学合理的膳食结构、具备心理调节能力、养成良好的卫生习惯等。

（5）伤、残、病人的康复教育。为体质情况特殊的学生制订适合个人的、能提高其身体机能和康复练习的健康计划。组织适当的体育活动，以提高其身体机能与活动能力。

五、教学实施

目前，匈牙利为与欧盟的要求相适应，高校体育教学采用选修制。在校参加选修课的学生，要求必须参加一定课时的体育课或参与体育活动和当地的体育比赛。高校自主决定每学期学生必须参加体育活动的次数，一般每学期不少于12次。体育活动的时间和地点由学生根据自身情况决定。

（1）根据学生需要和气候条件，向学生开设多种形式的体育课，理论与实践相结合。

（2）社会公共体育和高校体育教育相互联系。学生参加俱乐部活动或社会体育活动取得的成绩，学校（主要是体育院校）承认并给予学分。

（3）学生会组织、开展丰富的课余体育活动，组织校内体育比赛，与社会体育组织加强联系，推荐和组织学生参与社会体育活动。

（4）充分发挥学生中优秀体育人才的作用，加强专门训练，参加国内或国际大学体育俱乐部的竞赛。

（5）为伤、残、病等特殊学生，开设康复、保健课。

六、体育机构、体育俱乐部与高校体育教育

匈牙利的社会体育机构和体育俱乐部与高校体育教育相辅相成，发挥了课外体育教育功能。体育俱乐部既有社会上的职业体育俱乐部，又有高校内的学生体育俱乐部。学生积极参与俱乐部组织的活动，既充实了体育教育的内容，又提高了体育运动水平。体育俱乐部组织的各种活动与体育教育关系密切、相互促进。俱乐部的活动为学生个性化发展创造了条件。社会上的职业体育俱乐部成员大多来源于青年人集中的高等院校，因此高校体育教育为匈牙利体育发

展作出了贡献。

教育部、体育青年部在培养体育专业人才方面和高校体育俱乐部进行合作，共同支持。教育部的专家委员会、体育青年部和高校体育俱乐部本身都在对俱乐部的发展问题进行研究。使高等院校培养的学生具有更好的身体和心理素质，更有利于发展匈牙利的体育运动，已成为各方面参与研究的新课题。

匈牙利的体育组织和职业体育俱乐部作为社会体育资源，已成为高校体育教育的组成部分。综观匈牙利高等教育中体育教育的做法和经验，在以下几个方面可供中国借鉴。

（1）政府重视高等教育中的体育教育，以法律形式确立了它在高等教育机构中的地位，并在实施过程中，依法保证、依法监督。

（2）为高等教育中的体育教育设立专项经费，明确专门用途，以实现"建立一个健康的匈牙利民族"的目标。

（3）将"培养人们健康的生活方式"作为体育教育的宗旨，内容丰富，包括体质、体能、心理素质、卫生习惯等方面。与之相比，中国体育教育的内容有待充实、完善。

（4）每个学生从入学之日起，便自动成为大学生体育联合会会员，都有权参加联合会组织的各项比赛。评定比赛，首要是参与，其次是成绩。这有利于调动大多数学生参与运动的积极性。

（5）高校的体育教学虽然采用选修课的形式，但学生除在校选修体育课外，还可以参加校内或社会体育俱乐部的活动。这就拓宽了学生参与体育活动的空间。学生在俱乐部和社会体育组织参加活动取得的成绩，学校予以承认，并给予学分。这种管理模式灵活、新颖，可激励学生参加体育活动的积极性，也有利于学生的个性化发展。

（6）学校根据学生体能测试的结果制订体育教学计划。对体质情况特殊的学生，个别做出安排，维护残疾人的权益。

（7）体育主管部门（体育青年部）和教育部门（教育部）合作，共同关心支持高校体育教育，使培养优秀运动员和高校体育教育融为一体。这样做既增加了体育教育经费的投入，又提高了体育教育经费的效益。

第三节　从教育工作者角度看课程设置

作为一个中国国内教育体系的工作者，同时是一名主管两国教育合作与交流的外交官，在切身感受到两种教育文化在全球化下同质性的同时，也能看到明显的区别。

一、在教学方式上

以我及同事在中国国内的经验来看，中国高校采用的方式是以课本为导向的。虽然外语类专业强调听、说等实际操作技能上已远胜于其他专业，但课本始终占据着主导地位，贯穿于教育教学的任务及目标中。

作为一个访问学者，在匈牙利体会到的是另一种教学方式。同样是语言教学，教师通过演讲、故事、游戏、音乐、团队活动等能运用的各种方式来调动大家学习的主动性与积极性。借助这些多样的教学手段来帮助学生从课本中解脱出来，在听、说、读、写的学习中，学生从实践中熟悉并逐渐学会运用这门语言。而教师，并未被各种教学计划和方案所束缚，充分发挥教育工作者的想象力和感染力，让整个学习的效果事半功倍。

二、在检验（考试）的方式上

在中国高校的教育思维里，学习阶段结束后，最终的考试似乎是决定学生学习成果的唯一检验标准，甚至是教师在这段工作期间工作效果的最终检验，期末考试的权威性和各方对此的重视程度都是毋庸置疑的。即使有任何质疑，其矛头也只会指向其公平性，而不会指向该考核方式本身。

匈牙利的学习经历让我感受到了不同教育文化下学习成果检验方式的差异性。匈牙利的语言教学把学生的期末成绩划分为若干部分，而每部分所占比重的不同，决定了学生学习成果在最终成绩上的不同体现，而卷面考试只占其中很小一部分，学生成绩更多是由平时的演讲团队作业、个人作业，甚至上课表现来综合决定的。这样，从某种意义上来说，减少了学生面对考试的压力，提高了学习的积极性。只要考核标准设置合理，同样可以达到检验学生学习成果的目的。

三、在教学资源及教学体系建设上

匈牙利教师在课堂教学方面运用的教学资源十分丰富，题材多样，而且具有时效性、灵活性。老师经常会用当天的新闻、消息进行教学。而与此相比，中国国内的教育资源往往在时效性上有所滞后。然而，随着中国科学技术日新月异的发展，促进了多媒体技术在高等教育教学上的应用和发展，其普及量和先进程度要远远超过匈牙利。目前，中国高等院校多半配备语言教室、多功能语言实验室、多媒体操作台等设备设施，即使普通教室也通常配备投影、电脑、大荧幕、扩音设备、DVD 机等设备。而匈牙利在这方面仍旧十分落后，一般不具有专门的语言实验室，普通教室的多媒体设备也仅限电视机、录音机、录像机和 DVD 机。

第四节 从学生角度看匈牙利社会对教育的支持

在中国和匈牙利两国教育部签署的"教育合作执行计划"中，第 5 款专门写明"双方保证为对方进修人员提供享有优惠待遇的证件"。第 20 款中，匈方明确承诺向中方进修人员提供学生证（中方无此相应承诺）。匈牙利方面为何对学生证如此重视？

未曾在匈牙利学习、进修或工作过的人很难真正了解这些条款的实际意义，即在匈牙利学生证如何体现其是"享有优惠待遇的证件"。在中国，学生证主要用于证明学生身份，持证学生享有的优惠待遇十分有限（如购买寒暑假探亲车票等）。而在匈牙利，用中国留学人员的话来说，"学生证的确是个宝贝"。

匈牙利的学生，包括外国留学生，凭学生证可在学校和社会上享有多方面优惠待遇：

（1）购买学生城市公共交通月票和匈牙利国内火车票，票价不及普通票价的 1/3。如布达佩斯市公交月票价格为 3820 福林，学生票仅为 1240 福林；布达佩斯市至佩奇市的火车票为 1722 福林，学生票则为 560 福林。

（2）参观各类博物馆、展览馆和旅游景区的收费，学生票价为普通票价的 1/2。如匈牙利民族园的门票，普通票价为 1600 福林，学生票价则为 800 福林。

（3）艺术院校的学生可免费观看相应专业的展览、演出。如美术专业的学生可免费参观包括国家艺术馆在内的全国各地博物馆的画展。音乐院校的学生可免费观看大部分歌剧和音乐会。即使是层次最高的国家歌剧院也设有学生专区，供音乐专业的学生免费或优惠观看。

（4）得到优惠医疗服务（已包括学生的医疗保险）。

（5）可跨地区、跨学校使用校内图书馆等学习、研究设施（匈牙利的大学为开放式的）。

（6）办理欧洲学生证，出国旅游享受当地优惠待遇。

学生证在以上几方面为学生提供的优惠待遇，从一个侧面反映了匈牙利社会对教育的重视。学生享受的种种优惠，实质上是政府教育经费之外由社会对教育的投入和支持。匈牙利社会制度改变之后，教育经费一直紧张，对学生的优惠做法只靠教育部门难以为继。对此，匈牙利社会各方面尽其所能优惠学生，减轻学生和教育部门的负担，发挥了社会支持教育的作用。学生享受到优惠，鼓励他们参与社会活动，扩大他们对社会的接触和对国家的了解。在全国各地举行的大型集会和文体活动中都有众多外地学生参与。这是实实在在的素质教育的组成部分。

匈牙利与中国一样，也是由计划经济向市场经济转型的国家。但其社会对教育的投入和支持，并未一味依照"市场"去追求经济效益。其中有传统因素的一面，更有重视教育的一面。以布达佩斯交通公司为例，2010 年 9 月 22 日，布达佩斯市计划开展"无车日"环保活动，届时禁止私车出行，免费提供公交服务。但因布达佩斯交通公司 2010 年一直处于负债运营状态，无力承担"无车日"带来的营业损失，致使此项活动夭折。但对亏损更大的学生月票，公司并未因负债而变更。

形成对照的是，北京市公交系统企业化后，近年来虽新增了不少线路，但出于经济效益的考虑，规定学生月票无效。学生从社会得到的优惠，就公交月票而言（原本很有限，不包括大学生），实际上已相对"贬值"。在中国学生凭学生证即可免费或优惠参观的项目、观看的演出更是无法与匈牙利相比。这大概也反映了两国社会对教育重视程度的差异。

匈牙利与中国的国情、传统不同，向学生提供优惠的一些具体做法，中国难以照搬。但其社会对教育的重视程度，对教育的投入和支持，对中国广泛调动社会力量支持教育，不乏借鉴意义。

第五节　匈牙利的学生贷款

近年来，中国的商业银行开展了直接向高等院校学生提供学生贷款的业务。不少地区的银行在办理学生贷款时，要求学校为学生担保。学生贷款既支持了贫困学生接受高等教育，又支持了高等教育事业的发展，同时拓宽了银行的业务领域，利国利民。学生贷款在实践中也暴露出一些问题亟待解决，突出的如学生还贷意识差、还贷率低，银行风险大、影响扩展贷款规模，学校卷入担保责任等。

匈牙利推出的学生贷款计划，对中国进一步完善学生贷款机制不乏借鉴意义。

匈牙利的学生贷款由教育部设立，其宗旨是保证所有学生享有平等的接受高等教育的机会，不因经济困难而影响就学。它是对现行助学金制度的补充。学生贷款要求学生毕业后，以个人收入的一定比例分期偿还。

学生贷款资金由国家所属的非营利专职机构学生贷款机构（student loan institution，简称SLI）负责筹集和发放运作。SLI有权监督受贷学生的学业情况。这种机制使学生与贷款出资方无直接联系，保障学生平等申请贷款，不受因个人经济能力而承担风险的不利影响，消除歧视，并使学生申请其他贷款时免于负面评估。

学生贷款限额为每人每月21000~25000福林。贷款利率由实际通货膨胀率确定，一般高于政府征收的社会保障费率4%~5%，其中已包含冲销还贷的风险。利率对确保资金良性运作，提高使用效益极为重要。这不仅保证了为需要贷款的新生提供贷款，也在一定程度上抑制了非必需的贷款行为，与受贷人的社会地位无关。

学生贷款的回收由匈牙利国家税务机关负责，通过征收个人所得税完成。具体到个人，则视贷款数额和收入水平而定。因还贷数额与工资水平相关，并且所占比例很小，即使是将来低收入的学生也能承受，不构成生活负担。此举使每个学生，特别是经济条件困难的学生，都能申请贷款，接受高等教育。

对某些暂时或长期的特殊情况，国家可以减免还贷利息，直至免除还贷义务。减免还贷利息的情况包括在家哺育婴幼儿、服兵役、失业、长期失去工作能力的学生。免除还贷义务的情况包括死亡、永久丧失工作能力、退休。

为实施学生贷款计划，匈牙利教育部已在法规、预算、操作程序、技术手段和组织机构等方面做了前期准备。

第八章

法律保障体系

第一节　法律体系背景

根据《罗马条约》，与高等学校的教育内容、组织结构建立有关的各项问题属于成员国的职权范围。在实务范围内，各国没有义务把法律协调一致。匈牙利高等教育是在欧洲高校根据《大宪章》（1989）签署了一系列国际协议之后，宣布承认欧洲高等教育的价值体系，并根据各项协议的内容，制定自己的高等教育法。此项法律与《欧洲公共法》紧密相连。

为了发展共同经济，随着教育市场吸引力的增强，欧洲各国教育部长于1999年6月签订了《博洛尼亚宣言》，该《宣言》把建立欧洲高等教育地区作为既定目标。

《博洛尼亚宣言》成员国的各位部长于2003年9月在柏林举行会谈。会谈宣布，在构建欧洲高等教育地区的各项任务中，要在2005年之前引进并推广多层次、分阶段的培养结构。匈牙利于2006年引进多层次培养结构的第一层次。

匈牙利从1998年开始着手建立高等教育的学分体系，并为多家教育机构引入该学分体系做了相关准备工作。2003年起，匈牙利在法规中明确规定，必须实行学分制教育。学分可以在量上考查学生的选课情况，衡量学生的学习成果和能力。高等教育法在充分考虑欧洲学分互认体制的基础上，对一些培养工作和学习期限做出了规定。

1996 年，在中学毕业水平的基础上建立高级专业培养方案，并把这一培养方案引入高校的培养体系。

2004 年制定了《匈英双语》补充文件的预备纲要，并为该文件的最终完成和存档做准备工作。

第二节 新法律中包含的元素

法律重新对高校的建立和运转做了阐释。

法律规定了高校的决策水平。法律允许高校不受国家的管控，在公共权利职责的基础上进行实践活动或者维持高校的运转。

法律制定了高校发展方向的新框架。在高等教育法的基础上，在公立高校建立经济建议会。经济建议会是隶属高校内部的组织机构，是高校理事会的成员，以少数服从多数的形式提交决议和阐述观点的会议组织。

法律规定了与就业相关的根本性要求。为了适应法律的要求，高校的自治需要具备法律性、有效性、透明性以及财务的无舞弊性等特点。

第三节 法律和政策框架

匈牙利教育和培训系统在基本原则、组织、管理和融资的操作方面采用匈牙利议会通过的法案：

1993 年公共教育法（LXXIX）；

1993 年职业教育和培训法（LXXVI）；

2005 年高等教育法（CXXXIX）；

2001 成人教育法案（CI）。

以上法案都是根据当前的经济和政治的注意事项和约束经过几次修改完成的。在一般的法律规定中，其法律条例与有关国际公约和《匈牙利宪法》一致，这些修正案与统治这个国家的历届政府所实际倡导的政治和意识形态议程相关。此外，加入欧盟的匈牙利还需要在教育领域将现有的国家法规与欧盟法规相协调。

所有上述行为充分体现尊重民主的基本原则和人文价值并体现在《匈牙利宪法》和有关国际公约和契约中，包括社会的法律文书。他们充分地尊重学生的个人自由，禁止任何形式的基于种族、民族的歧视和制裁，尊重民族认同、信仰、宗教或社会出身，在访问、参与和教育中严格执行平等的原则。为了确保规定的实现，补充了一系列其他法律文书（法律、法规、决定和命令）（见附件）。也有一些行为（地方政府的行为，移民法案，法律对州预算每年由国会通过等）构成一个整体和复杂的框架，用于执行教育和培训相关法律规定。

教育和培训系统构成一个有机的统一体。以垂直或横向过渡系统内部的原则，把排除死角作为一个基本的考虑，小学、中学、高等教育以及成人教育和培训是建立在一个不同级别上的教育和培训系统。需要进一步努力以确保真正和畅通无阻地获得终身教育和培训机会，无关年龄、社会地位和个人生活条件。通过更好地实施透明、可转让性的不同类别之间的教育和培训，以及通过正式的识别和验证的知识、技能和能力以获得不同形式的正式和非正式的学习。

公共教育法案给匈牙利所有的孩子提供了一个免费的八年通识教育和免费的高级中学或职业教育。根据法案，强制并免费教育始于 5 岁（ISCEd 0），完成于 18 岁（ISCEd 3）。最后高中生必须通过中级学校毕业考试才能被高等教育机构承认。该法案还调节学生的权利和义务，机构的教育和行政人员的权利和义务以及父母的权利和义务，形成了父母在学校和协会发表相关事务和关注孩子教育问题的机制。虽然教育部和文化部批准的名单中有合格的教科书，但是负责选择课本的职责仍落在教学人员头上。

高等教育法案主要约束中学以上及高等职业教育和培训。该法案考虑专业资格的识别，建立程序监管行业，尤其是那些需要国家注册的专业资格。它还提供了雇主模拟训练方面的内容。修改的高等教育法案，同时保持完整的尊重学术自由和自治的权利，旨在创造有利的法律和政策条件促使匈牙利高等教育进入欧洲高等教育区。按照"博洛尼亚进程"的原则和目标，新法案执行全面三个周期结构（附件）和强制使用信用系统（方面）。其规定鼓励国际流动性，有助于加强财政自治机构和发展它们的 R+d+I 能力，鼓励伴随经济发展而产生更紧密的合作。

除了教育和培训的机会减少外，正规教育主要是受成人教育法案约束。该法案对所有成人教育培训提供商（教育机构、法律或自然人等）和任何成人教育培训计划的组织和融资建立了一般规则，它提供了一个强制性认证的成人教育和培训项目或培训提供商机构，由一个代表机构即国家成人教育认证委员会来认证。

第九章

国际合作与交流

第一节　欧盟环境下的合作交流

20 世纪 80 年代中期之前，欧共体教育合作推进相当缓慢，虽然一开始就认识到了文化融合对促进欧洲统一的重要性，1957 年《罗马条约》也设立了职业培训合作条款，但教育政策作为欧共体事实上的官方禁忌一直未被触及。直到 20 世纪 70 年代初以后，欧共体才逐步打破禁忌，开始了共同职业培训政策探讨，确定了教育合作的原则，提出了教育的"欧洲维度"概念，形成了"开放协调方法"，明确了教育合作的重点领域：学生与教师的流动、学位互认、高等教育机构之间的合作、现代语言教学、教育信息交换网络等，并于 1975 年通过第一个在共同体范围内实施的《教育合作行动计划》。这一时期欧共体教育合作基本上停留于协商、辩论、调研或规划层面，这种反复商讨、缜密筹划和审慎推进的合作策略，既受制于欧共体或欧盟的运作方式，又取决于成员国法律和教育体制差异。欧盟教育合作的起步看似步履艰难、效率低下，但为欧盟教育合作框架的构建、合作领域的拓展、合作方式的创新奠定了坚实基础，也为 20 世纪 80 年代后期之后欧盟快速推进和全面实施教育合作计划创造了良好的运营环境。欧盟教育合作是跨国家、跨部门和多领域教育与培训合作的范例（高耀明等，2019）。

通过对欧盟 70 多年教育合作历程的描述分析和经验概括，提出以下教育合作五方面的政策建议：

（1）制定合作战略。欧盟国家的政治体制、经济发展、法律制度、科技水平、教育基础、文化传统、宗教信仰和语言习俗差异不大，教育合作要有效推进，不能急功近利，需要合作各方积极沟通协商，寻求超越法律、文化和教育体制障碍的合作策略，创设合作的基础条件，澄清合作的愿景，明确合作的长远目标，制订合作的战略规划。

（2）坚持平等合作。欧共体或欧盟的教育与培训合作，自始至终遵循了《罗马条约》规定的原则，即开放协调方法：欧共体或欧盟层面提供共同政策、合作行动框架和经费资助，支持和补充成员国的行动，同时充分尊重成员国对教育和培训内容与组织的责任。教育合作不是单向文化输出或教育援助，也不是某一方主导的单边行动，必须坚持平等合作，恪守合作各方都是平等参与者的立场。

（3）明确合作重点。基础教育关乎国家主权，高等教育涉及体制、传统和理念，而职业教育和培训与社会经济发展联系紧密，各国之间更容易达成合作的意愿。贯穿欧盟教育合作历史的主线是职业教育与培训，合作优先事项始终围绕着增长、竞争力和就业，合作重点聚焦提高职业教育和培训透明度、开发各类通用工具、强调关键能力和技能水平的提升、增加职业培训的吸引力、促进就业能力和创业精神培育、保障职业培训质量等。欧盟中小学合作重点是师生互访，大学合作则以学位互认、学分转移、人员流动和研究合作为主。

（4）加强合作研究。欧盟教育合作呈现了明显的研究驱动特征。各类教育合作的通报、公告、决议、计划和项目出台都有相应的研究作为基础，项目或行动实施以后，都紧随着项目进展的检测、中期和最终成效评估不断总结经验，吸取教训。同时，鼓励高校创设研究机构，对"一带一路"沿线国家的政治、经济、文化和教育开展系统研究，尽可能为教育合作提供充分依据。

（5）发展语言教学。语言相通是教育合作的前提。欧盟有24种官方语言，现代语言教学一直是欧盟教育合作的关注点。从战略高度重视非通用语言教学，统筹规划，鼓励高校开设专业，发展非通用语言教学，培养通晓国际规则、具有跨文化交际能力的非通用语言人才。

第二节 亚太地区合作交流

有关亚太地区的合作交流，"布达佩斯美国之角"地区信息与项目中心等活跃在匈牙利教育界。2009 年 2 月 18 日，由美国驻匈牙利大使馆和布达佩斯考文纽斯大学共同支持的"布达佩斯美国之角"地区信息与项目中心成立。"美国之角"的具体办公地点设在布达佩斯考文纽斯大学校园内。其任务是提供有关美国文化、历史、教育系统、艺术、科学、经济、季节性事件以及政府运作等方面的信息，同时，为匈牙利方提供书籍、期刊和音像等资料。"美国之角"还组织各种讲座、会议、研讨会、展览、电影欣赏、音乐会和表演。

"美国之角"办公室面积为 40 平方米，设有一个图书馆，藏书 400 多卷，涉及许多领域，从音乐到文学，从历史画卷到涉及地区和旅游的书籍；所有书籍、音像等资料对公众免费开放，任何年龄段的人员都可借阅。"美国之角"举办各种常规活动，每月至少开展一次，如对话俱乐部、电影俱乐部、不同的儿童项目等。此外，还举办一些单独项目，包括环保和气候变化等热门话题。目前，"美国之角"已在匈牙利形成一定的影响。

据悉，"美国之角"已在 60 个国家设立 400 多个活动点，在匈牙利还设有另外 4 个点：德布勒森、埃格尔、佩奇和维斯普雷姆。布达佩斯考文纽斯大学是匈牙利 5 所重点大学之一，在经济、人文社科、法律等学科领域处于匈牙利高校的前列。"美国之角"办公室设立于此处具有一定的战略意义。

匈牙利积极与国外高校开展对外合作办学，不断提升国外办学水平。截至 2020 年 5 月，在匈牙利获得许可的外国高等教育机构如表 9-1 所示：

表 9-1　匈牙利与国外大学开展合作办学情况表（不完全统计）
在匈牙利获得许可的外国高等教育机构（2020 年 5 月）

名称	地点	联系方式	有权在匈牙利经营的许可证有效期
波士顿大学（波士顿大学法学院）	美国西尔伯路 1 号波士顿 MA，邮编：02215	厄特沃什·罗兰大学（1053 布达佩斯，大学广场 1-3）	无限期
中欧大学、纽约大学	美国纽约西 59 街 400 号，邮编：10019	中欧大学（布达佩斯）	无限期
玛丽埃洛伊艺术学校	法国巴黎布维尔街 1 号，邮编：75011	法国现代艺术学院，Hungary Zrt.	无限期
昂热高等商业科学学校	法国拉坎纳尔街 1 号，BP 40348-49003 Angers Cedex 01	ESSCA 匈牙利基金会	无限期
德国哈根大学	德国哈根市弗莱耶大街 204 号，邮编：58084	布达佩斯德国职业学习中心基金会（布达佩斯）	无限期
复旦大学	中国上海市邯郸路 220 号，邮编：200433	布达佩斯科尔维纳斯大学（布达佩斯 1093 号，主要海关广场 8 号）	无限期
乔治-奥古斯特-哥廷根大学	德国哥德堡威廉斯广场 137073 号	厄特沃什·罗兰大学（布达佩斯大学广场 1-3 号）	无限期

名称	地点	联系方式	有权在匈牙利经营的许可证有效期
黑龙江大学，黑龙江中医药大学（中国黑龙江大学匈牙利医科大学）	中国黑龙江省哈尔滨市香坊区和平路 24 号	森梅尔维斯大学医学院（布达佩斯瓦次大街 17 号）	无限期
马斯特里赫特管理学院	荷兰，马斯特里赫特，EP 6229，endepsdomein 150	高管教育与发展学院非营利组织（布达佩斯安德拉什大街）	无限期
摩诃朱拉隆功大学（欧洲佛教培训中心）	泰国，大城府王内 13170 号蓝赛一组 79 号	布达佩斯 1098，Börzsöny 大街 11 号	无限期
麦克丹尼尔学院（麦克丹尼尔学院布达佩斯校区）（前身为西马里兰学院）	美国马里兰州 21157 - 4390，威斯敏斯特，学院山 2 号	美国西马里兰学院	无限期
巴黎国际时装艺术学院	法国巴黎 75011，布维耶街 1 号	巴黎艺术学院匈牙利分校	无限期
马来西亚开放大学（开放大学马来西亚培训中心—OUM 派驻培训中心）	马来西亚吉隆坡 50480 号，Jalan Tun Ismail 大街，B 座 1 层	埃斯特哈齐卡洛里大学	无限期

名称	地点	联系方式	有权在匈牙利经营的许可证有效期
先贤祠·阿萨斯大学（巴黎第二大学）	法国巴黎拉丁区 75231，Place du Panthéon 街 12 号	联合罗兰科学大学（布达佩斯大学广场 1-3 号）	无限期
白金汉大学	亨特街，MK18 1EG 白金汉城	IBS 国际商学院（布达佩斯）	无限期
维也纳音乐学院（维也纳音乐学院布达佩斯分校）	奥地利维也纳 1150，Stiegergasse 大街 15－17 号	匈牙利布达佩斯 1211，拉科齐·费伦茨二世大街 121-123 号	无限期

第三节　关于在匈牙利建立匈中双语学校的有关情况

一、匈方提出建立匈中双语学校的原因

中国驻匈牙利前任大使曾先后会见过匈方两届政府的教育部部长。匈方均主动提及建立中匈双语学校的意向，以加强两国在教育方面的合作。主要原因为：

（1）目前有数万华人在匈生活，作为外来移民（在匈少数民族），其子女应保留本民族的语言和文化。

（2）华人子女除在匈正规学校学习外（周一至周五），周末和假期还要上中文学校。匈方认为中国孩子负担太重，没有休息时间。建立中匈双语学校可使中国孩子在正规学校学习期间就能学到汉语和中国文化，免除他们周末和假期的额外学习负担。

二、中匈双方对建立中匈双语学校的基本想法

中国政府和教育政策研究机构非常关注"博洛尼亚进程"的进展。多年来，中国一直积极参与世界"伊拉斯谟计划"，努力促进中国与欧盟成员国的大学联合开设课程，加强本科生、研究生以及研究人员的流动。欧洲高等教育区的正式启动应该对这种交流合作更为有利，对中欧大学间的教师互换、学生互换、学分互认、学位互授联授、高端人才培养以及开展其他双向性教育、科研平等合作也孕育着更多机会。

对中国来说，更重要的是兼收并蓄，学习发达国家的有益经验，为建设具有中国特色的现代化的高等教育体系服务。"博洛尼亚进程"的 2020 年目标已经确立，包括以创新为前提，进一步加强学习和研究的独立性；加强参与全球化进程；国家进一步加强财政支持力度；加强机构自治、社会公平和提高学习能力；通过实习和加强职业服务，增强与工作环境的联系。为落实这些目标，还将采取一系列保障措施，如努力实现高等教育的社会公平；实施终身学习战略；提高就业能力；坚持以学生为中心的教学模式；促进教育、科研和创新的融合；高等教育的国际开放；提高流动性；加强数据收集工作；开发多维透明工具以及加大经费支持等。

中国驻匈牙利大使馆教育组曾就此事与匈方教育部主管国际合作的司长进行过初步磋商。匈方提出可由其提供闲置的校舍建立新校，或将现有学校扩展为双语学校，按学校学生规模提供相应的办学经费，我方应为该校提供适当资助，包括办学设备和汉语教学教材、资料等。设想的方案之一是，由布达佩斯"光华中文学校"与匈方现有学校合并，按匈方教育法规要求，办成正式的 8 年制小学，主要办学经费由匈方按学生规模提供。

三、与学校发展相关的几个问题

中匈双语学校在发展过程中需注重以下几个问题：

（1）学制和教学内容。应按匈牙利小学的 8 年学制设立，完成匈方基础教育的教学计划；因大部分学生今后还要继续在匈牙利生活，升入高一级学校接受教育，中匈双语学校的教学内容势必要与匈方高一级学校的教育衔接；而可

能回中国继续接受教育的学生人数有限，与中国教育衔接的问题，不必成为主要考虑因素。

（2）生源。目前在匈方接受或即将接受基础教育的华人子女有数百人。该校的教学对象将以他们为主，如其中的大部分孩子能到中匈双语学校学习，学校可以有相对稳定的生源，办学规模可达当地小学一般水平（150人左右）；如果加上匈牙利学校原有的学生，情况会更好些。

（3）双语教学。因在匈牙利办学，考虑到学生的实际需求和今后发展，双语教学实质上是主要以匈语完成匈方规定的基础教育教学内容，另外增设汉语和中国文化、历史等方面的课程。通过双语教学，同时提高学生的汉语和匈语水平，两种语言授课的课时比例，针对不同年级的不同课程，可做相应调整。

（4）教师。实施双语教学，学校必须聘用匈语教师和汉语教师。匈语教师按匈方教师资格要求聘用，汉语教师可由中方派出，或在当地华人中聘用曾在中国国内学校任教的正式教师。

四、作为政府间合作项目的实施

该校作为政府间（两国教育部）的合作项目，双方应共同努力解决以下问题：

（1）两国教育部就建立学校一事成立专门工作组，讨论建校事宜，签署专项合作协议，明确双方的权利、职责。

（2）中匈双语学校须办成正规的8年制公立学校，实行义务教育，面向社会招收华人子弟和匈牙利学生。

（3）学校的办学经费由双方投入，具体数额通过协商确定，学校鼓励在匈华人捐资助学。

（4）成立由双方代表组成的学校管理机构，该机构可吸收当地华人代表参加，中方代表参与学校重大问题决策，学校的日常行政及教学管理可由匈方按其法规执行。

第四节　匈牙利政府及高校"看好"中国自费留学市场

一、基本情况

匈牙利教育部门对外宣传称，为缓解财政紧缩政策对高等教育带来的压力，将大力推动和鼓励高校吸引更多外国学生，特别是亚洲学生来匈牙利读书。2010年多所公立、私立高校人员先后访问中国驻匈使馆教育组，希望更多的学生来匈留学，其共同目的都是希望招收中国自费留学生，询问有关招生潜力、招生渠道等方面的信息。匈牙利留学中央办公室分别在北京和上海使领馆内设有办事处，有些学校为招收中国自费留学生，还专门派人访华，已与中国高校或留学中介机构建立了联系。

匈牙利招收的自费留学生，一向以西方和周边国家为主。目前中国在匈的自费留学生人数约为580多人，每年可能增加200~300人。学生目前有三种渠道来匈牙利留学：一是国家公派形式，每年约15~18人；二是单位公派留学，中国多所高校已与匈牙利相应高校建立校际互换学生项目，每年约40人；三是自费留学生，一方面是通过在华的匈牙利留学服务机构来匈牙利学习，占大多数；另一方面是匈牙利高校包括留学匈牙利中央办公室到中国招生，宣传、吸引学生来读；少数则是通过在匈华人亲属介绍来匈牙利学习。

匈方高校"看好"中国自费留学生，并主动就此与中国联系，是一种新动向。

二、原因分析

（一）中国影响扩大

多年来中国经济持续高速发展，国民收入相应大幅度增加，相当一部分家庭已有能力支持子女留学；中国的自费留学生已遍布世界各地，并且人数仍在逐年增长；西方国家开发中国留学生"市场"早已捷足先登，这些都对匈牙利产生了一定影响。此外，中国每年在国内外举办多种形式的教育展，其火爆场面已使国外大学领悟了招收中国自费留学生的"潜力"。匈方几所高校人员来中国使馆时都曾提及此事，这也促使他们努力招收中国自费留学生。

（二）经济效益

近年来匈牙利经济发展缓慢，特别是多年财政紧缩政策之后，政府用于教育的经费投入多年来增长有限，而且低于物价上涨幅度，学校普遍感到经费紧张。学费收入是其学校预算的主要来源之一。因匈牙利学生在公立高校读第一个学位免交学费，学校招收本国学生，一般难有经济效益，而留学生的学费标准是本国学生的三倍以上，各校争相扩招留学生成为增加学校收入的重要措施。

（三）生源不足

匈牙利人口逐年下降，老龄化趋势加快，学龄人口与学校规模的矛盾日趋明显。这一点对小学和中学尤为突出，高等院校对此也已有所预感。匈牙利于2007年正式加入欧盟申根区，本国学生到欧盟及申根其他国家上大学更为便捷，势必加剧本国高校生源不足的问题，更广泛地吸收留学生对学校生存发展意义重大。

（四）趋同化管理模式

自2010年起，匈牙利高校开始收费，一般学费每年为800~900美元，但个别学校也可以对基础薄弱的学生或入学成绩较低的学生收取高额学费，每年2000~3000美元。这种趋势促进了匈牙利高等教育界对国内外学生的管理走向趋同化，更利于吸收外国学生。

三、匈方优势

综合匈方各校介绍的情况，对中国留学生而言，其优势主要有以下几点：

（1）费用相对较低。目前匈牙利公立高校的留学生学费大致为：文、理类每年5000美元左右，工程类8000美元左右，生活费每年3500美元左右，留学费用低于欧美主要国家。

（2）学位普遍承认。在匈牙利获得的学位为欧美大多数国家所承认。据匈校方人士称，加入欧盟申根区后，其学位会更加"国际化"。

（3）易于向西方国家转学。匈牙利私立高校中，有数所高校是与美、英、法、澳等国大学合办的分校，就读于此的学生，一、二年级后即可转往设在他国的母校学习，获该国学位，匈牙利大学中也有 10 多所与美、英等国家的联合办学机构，就读 1~2 年后可到对方学校继续完成学业。

四、存在的问题及建议

中国与匈牙利开展自费留学生项目，目前存在以下主要问题：

（1）单向性。匈牙利崇美、崇西欧，中国在一段时期内难以成为其自费留学生目的国。

（2）学制差别。目前匈牙利高校是"3+2+3"学制，即大学 3 年，硕士 2 年，博士 3 年。

（3）赴匈签证难办。匈方高校高度自治，政府教育部门不介入学校招生，外国学生的"录取/入学通知书"由校方签发，但匈驻华使馆并不以此发放签证，其签证审批权不在使馆，而在内务部，签证申办程序复杂，难度大（大多数欧美国家与匈牙利互免签证）。

（4）留学中介机构良莠不齐。鉴于中国留学中介机构良莠不齐，中国教育部一般只向匈校方推介教育部下属的服务机构，或建议匈校方通过与中国高校建立合作项目在华招收留学生。

建议：

（1）加大宣传服务。及时向驻外教育处（组）提供中外合作办学法规方面的文件（外文），以加强对外宣传，针对引进国外优质教育资源开展工作。

（2）国内应向驻外教育处（组）提供部分信誉良好的留学中介机构信息（外文），以满足外方需要，促进民间交流。

第五节　匈牙利招收留学生的有关情况

一、匈牙利招收留学生情况

一所大学招收留学生的规模与层次，与该校的教育质量和国际声誉相关；一个国家招收留学生的规模与层次，则与该国的教育总体水平、对外开放与交流的程度相关。西方发达国家名牌大学的留学生人数占到在校学生总数的30%~40%，即体现了其教学、科研实力。

中国自对外开放以来，来华留学生人数逐年增加，目前已达每年4万余人的规模，但这与发达国家、部分发展中国家相比，与中国的国际地位和国际影响相比，仍有很大差距。中国实行"211工程"，其目标是建立国际一流大学。因此扩大招收留学生规模，提高学校的国际知名度，是实施"211工程"必不可少的任务。匈牙利招收留学生的做法及特点，对中国发掘扩展留学生规模的潜力具有一定的借鉴意义。

匈牙利位于中欧地区，国家不大，其面积和人口均不及中国的1%。截至1999年匈牙利实行院校合并之前，全国共有教育部认可的各类高校89所（未包括国外大学在匈牙利的分校和与匈牙利合办的学校）。据匈牙利教育部公布的资料显示，这89所院校中有31所用外语开设留学生教育课程，超过学校总数的三分之一，其中绝大多数学校都能颁发专科以上学位证书或毕业证书。据匈牙利教育部1999年对27所院校的统计，共有全日制专科以上留学生5700余人，占在校学生总数4.07%。此外，还有相当数量未在教育部统计之中的访问学者和短期进修生，加上国外大学在匈牙利的分校和与匈牙利合办学校招收的留学生，全年在校各类留学生总数超过6500人。这对人口不足1000万的匈牙利来说，数量和比例都不小。

为更加明晰地了解匈牙利招收留学生的情况，现将留学生人数位居前列的高等工程类院校以表格形式列出（表9-2）。此表清楚地显示，10所院校中有5所为医学院校（包括兽医），有2所为农业院校，其余为工科、经济和综合性院校。应当说，这些院校是匈牙利招收留学生的优势院校。匈牙利的医学教育水平较高，在欧洲很有影响，特别是其兽医大学，留学生高达在校生总数的56%，令人刮目相看。匈牙利的农业以绿色农业著称，其现代作物栽培技术属世界先进水平。未列入此表的李斯特音乐学院是享誉世界的音乐学府，有近百名留学生，占其在校生总数的19.5%。匈牙利注重充分发挥其优势学科的实力来吸引留学生。

表9-2　匈牙利外国留学生人数位居前列的高等工程类院校情况（不完全统计）

院校名称	著名专业	欧洲排名（西班牙 CSIC）	本国排名	备注
考文纽斯大学	食品科学、园艺学、风景建筑	450	11	
布达佩斯技术与经济大学	建筑工程、建筑学、化工、电子工程及信息学、工程物理、环境工程、机械工程、交通工程	97	1	
德布勒森大学	化学、生物、地球科学、生态学、数学及计算机科学、物理学	318	4	
米什科尔茨大学	地球技术信息与工程、应用地质与地质物理研究、机械工程、金属工程		8	
西匈牙利大学	地球技术信息系统、测量技术		7	
潘诺尼亚大学			12	
佩奇大学	化学工程	413	6	
塞梅维斯医科大学	药学、普药学、牙科、医学		9	
赛格德大学	药学、普药学、牙科、医学		3	
圣伊斯特万大学	机械工程、农业技术		15	
索诺克大学			25	
中欧大学	环境工程	346	5	
罗兰大学	化学工程、环境工程	101	2	

二、匈牙利吸引留学生的原因

尽管匈牙利的教育水平不低，但与西方发达国家相比尚有差距，作为小国它之所以能吸引大量留学生，除教育质量和教学设施等因素外，主要有以下三方面原因：

（一）国际社会承认其学位、学历

世界上多数国家，尤其是欧洲国家承认匈牙利的学位、学历，留学生凭此既可回国或到其他国家谋职就业，也可继续学习。因此，国际社会的承认使匈牙利扩大留学生规模具有可能性。

（二）外语授课

匈牙利语是小语种，匈牙利招收留学生的院校普遍能用外语为留学生授课，主要用英语，部分院校还可用法语和德语。此举消除了留学生学习各专业的语言障碍，使更多留学生来匈学习具有可行性。

（三）学费相对较低

通常，匈牙利学校的学费比西欧和美国等国家要便宜，如攻读医学博士学位（MD）学费最高每年8000多美元，并且后几年还有所下降（部分院校）。同样攻读MD学位，美国和西欧国家的学费每年都在10000美元以上，甚至高达15000美元~20000美元。工科方面，最热门的电子、信息专业博士生的学费每年不超过10000美元，也低于美国和西欧国家的名牌大学，而布达佩斯技术大学本身就是欧洲的名牌大学。为争取留学生，有的大学对学业优秀的学生还实施减收学费的奖励措施，最高可达学费的25%。正是由于留学生学费（以及生活费）相对较低，使匈牙利在争取留学生方面具有较强的竞争性。

正是在上述三方面因素"可能性、可行性、竞争性"的综合作用下形成的优势，匈牙利能够充分发挥其吸引留学生的潜力，招生规模不断扩大。

三、招收留学生为匈牙利高等教育带来多种效益

（一）充实办学经费

留学生所交学费是匈牙利本国公民学费的3~4倍，经济效益显而易见，这对解决国家教育经费不足致使学校办学经费紧张起到积极作用。

（二）促进教育质量提高

留学生学成后要在各国谋职，参与当地就业竞争，其素质须与其他国家横

向相比，接受国际社会检验。这就要求他们所受教育的内容应与国际接轨，教育质量应达到国际先进水准，因而对全面提高匈牙利高等教育质量无疑是很大的促进。

（三）推动交流，扩大影响

留学生教育是教育交流的重要组成部分，对外体现学校的办学实力和国家的教育水平。匈牙利目前的留学生规模和国内大学在国际上享有的声誉（如李斯特音乐学院）就是发展留学生教育的具体成果。

四、匈牙利留学教育对中国的可鉴之处

对比中、匈两国发展留学生教育的做法，借鉴匈牙利的经验，结合中国现状，提出以下几点建议：

（1）做好扩大来华留学的基础性工作。目前每年在华学习的留学生虽然有4万余人，成果可喜，但仍与中国的国际地位和国际影响不相适应。为使扩大来华留学做到可持续发展，应学习匈牙利的经验，在"可能性、可行性、竞争性"方面努力打好基础。当前中国的大学都在"力争"留学生，但多偏重于现实经济效益，而对增强自身"潜能"重视不够。教育领导部门应指导学校，首先是重点大学，发展外语授课，课程与国际接轨。这是中国留学生教育的薄弱环节，必须加强，以适应未来发展要求，否则难有更大作为。教育部努力通过政府间教育交流协议，使中国学位、学历为国际社会广泛承认。学费方面，要有合理的竞争性（就国际"市场"而言）。同时，必须防止学校间压价"竞争"，自伤元气。

（2）拓宽留学生教育专业。目前来华留学生中，80%左右集中在汉语和中国文化相关专业。中国是文明古国，历史悠久，文化丰富，这是中国高校的优势，应继续发扬。同时应发掘中国在文、理、工、农、医等其他学科的留学生教育的潜力。中国有相当数量专业的教育水平居国际先进行列，因受各种制约，尚未充分发挥在留学生教育中应有的作用。进入"211工程"的院校都是中国各学科的重点院校，具有这方面的实力，应先行一步，开创局面。

（3）来华留学与出国留学并重。当前中国国内留学中介机构虽然为数不少，但大都只提供出国留学。中国国内每年还举办专为出国留学服务的大型巡回展览。相比之下，来华留学仅有少数机构（如中国留学服务中心、国家留学基金委）和学校自己在做工作，力度明显不及出国留学。国家有关部门应从提高中国教育在世界的地位、从扩大中国教育在世界的影响的高度出发，加大工作力度，努力发展来华留学。最后应当强调，满足留学生的需求是发展留学生教育的基石。因此，必须确保并不断提高教育质量，教学内容和水平要与国际接轨。

第六节　匈牙利的汉学研究及汉学家

18 世纪随着中国艺术品在欧洲的流行，匈牙利贵族开始兴致勃勃地收集中国古董，一些见过中国古董的人无不为之赞叹。后来通过天主教传教士的工作，一些关于中国历史、文学的书籍出版了，匈牙利人对中国的了解愈趋增多。由于当时很多匈牙利学者以为匈牙利民族起源于匈奴，因此，为了了解匈牙利民族的起源，一些人开始研究匈奴历史，希望以此解决自己民族的根源问题。实际上人们不知道匈奴语言为何，匈牙利民族是否来源于匈奴也无法证明。然而，匈牙利民族在欧亚草原上繁衍生息了一千多年，匈奴及其他游牧民族对匈牙利文化确实产生了很大影响。匈牙利伟大的东方学家克勒西·乔玛·山道尔（Korosi Csoma Sandor）为寻找匈牙利民族的根源去了东方，在印度和西藏住了数年。学会藏语之后，他编写了藏英字典和藏语语法书，是匈牙利藏学研究的创始人。

19 世纪，有些匈牙利学者认为匈牙利语和汉语属于同一语系。一些匈牙利贵族开始在亚洲进行考古发掘，以便更好地了解内亚地区的历史。米哈利·齐奇（Mihaly Zichy）伯爵于 1898 年在中国北部进行了考古发掘，贝拉·塞切尼（Bela Szechenyi）伯爵自 1876 年至 1879 年带领一个小组在中国考察，地理学家拉乔斯·洛克奇（Lajos·Loczy）也参加了这个远征小组，并于 1886 年出版了一本关于中国的地理书。虽然已经过去了一百多年，此书至今仍值得一读。洛克奇向著名考古学家奥雷尔·斯坦因（Sir Aurel Stein）提到了敦煌石窟，闻此消息后，斯坦因随即去了中国，发现了敦煌石窟所珍藏的图书，并把很多书籍带回了欧洲，这些书籍后来在英国博物馆展出过。虽然奥雷尔·斯坦因离开匈牙利很久，但他一直跟匈牙利学术界保持着密切的联系，并且将私人藏书馈赠给了匈牙利科学院。

霍普·弗兰茨（Hopp Ferenc）（1833—1919）曾五次周游全球，并在途中收购文物，他将所收藏的文物和自己的房产都捐给了国家，由此而成立了Hopp Ferenc 东亚艺术博物馆。1951 年匈牙利科学院图书馆成立了一个专门机构，名为"东方藏库"，负责收藏东方文化典籍，他们收藏的 Korosi Csoma Sandor 和 Aurel Stei 的私人藏书，以及中世纪的希伯来文书籍，为学者们提供了研究东方学的重要资料。

1924 年，东亚系在 Pazmany Peter（帕兹曼尼·彼得）大学（自 1949 年起更名为 Eotvos Lorand，即罗兰大学）成立，开设中文和日文课程。第一位系主任叫普罗勒·维尔莫斯（Prohle Vilmos），他是一位语言天才，据说能讲 40 种语言，1942 年 Prohle 教授退休。新成立的内亚系系主任李盖蒂（Ligeti Lajos）兼任东亚系系主任，不过两个系并没有合并，1924 年至 1927 年，Ligeti Lajos 在法国师从著名学者（伯希和）Pelliot，学习东方学，1949 年至 1969 年，他任匈牙利科学院副院长。在他的领导下东方学蓬勃发展，培养了一代代年轻的学者。Ligeti 认为当时匈牙利图书馆的中文资料不如西方国家图书馆馆藏丰富，在匈牙利无法全面研究中国文化，因此他只推动了汉语音韵史及中国有史书记载的游牧民族历史的研究。

1949 年中华人民共和国成立之后，匈、中两国关系迅速发展，匈牙利相关机构经常和中国的图书馆交换资料，为汉学家们提供方便。自 20 世纪 50 年代起，两国开始互换留学生，虽然交换学生的目的主要是为政府部门培训官员，而不是发展汉学，但还是有几位留学生毕业后从事文化和教育工作。

1962 年至 1983 年，Csongor Barnabas（中文名陈国，1923 年生）任东亚系系主任。起初，他研究汉语音韵史，发表过数篇在该领域极为重要的文章。后来，他研究中国古代文学，翻译了一些古诗以及白话小说《西游记》和《水浒传》。

Tokei Ferenc（中文名杜克义，1930 年生）教授曾任匈牙利科学院院长，研究中国古代历史、文学和哲学，翻译了《道德经》《论语》《孟子》《荀子》

《庄子》《墨子》《离骚》等文言作品。他不仅是汉学家，也是哲学家，他根据马克思主义的观点撰写的"关于亚细亚生产方式"的书，已被译成多种语言，20世纪70年代他创办了匈牙利科学院东方研究所，主要研究中国古代文化和社会历史。

Ecsedy Ildiko（中文名艾之迪，1938年生）是匈牙利科学院东方研究所的研究员，她的研究领域是中国古代历史，在唐代游牧民族、游牧社会、中国古代国家研究等方面出版过数部著作，她曾当选欧洲科学院院士，被"哈佛内亚论坛"称为研究内亚地区问题的千名优秀学者之一。

Fernczy Maria（中文名范凌思，1941年生）曾任东亚艺术博物馆馆长，研究领域是西夏历史。Galla Endre（中文名高恩德，1926年生）研究中国现代文学，他翻译了鲁迅的一些杂文和小说，以及老舍的《猫城记》，并出版了有关匈牙利文学在中国传播情况的著作。Jozsa Sandor（中文名尤山度，1928年生）研究中国现代历史，他编写了《中国与奥匈帝国关系史》一书。Martonfi Ferenc（中文名马东飞，1944—1991）是一位很有才华的语言学家。Miklos Pal（中文名米白尔，1927年生）曾任东亚艺术博物馆馆长，他研究中国艺术和中国佛教，编写了一本名为《画龙点睛》的书，介绍中国艺术史，并且翻译了中国佛教经书《无门关》。Meszaros Klara（中文名梅可岚）曾任匈牙利驻华大使，在世界经济研究所研究中国经济。卡拉·捷尔吉（Kara Gyorgy）任内亚系系主任，1995年起曾兼任东亚系系主任，他主要研究蒙古文化。Hamar Imre（中文名郝清新，1967年出生）任东亚系主任，博士生导师，主要研究中国佛教。

20世纪50年代从中国留学归来从事中国研究的学者Polonyi Peter（中文名鲍洛尼）编写了《中国历史》，翻译了《儒林外史》《老残游记》；Kalmar Eva（中文名谷兰）研究元代戏曲；Talas Bama（中文名戴伯纳）研究中国经济。

总的说来，在过去70年中，匈牙利的汉学家们翻译了不少中国文学著作。无论是古代文学还是现代文学方面的书籍，匈牙利读者都可以读到。目前罗兰大学东亚系汉语专业的学生所学习的课程有现代汉语、古代汉语、中国古代文学、历史、哲学、现代文学和历史，学习期间他们大部分人有机会到中国留学一年。汉语专业一方面培养汉学家，另一方面培养一些既会说汉语又通晓中国文化，并能够在两国人民之间架起友谊桥梁的人才。

第七节　匈牙利巴拉什学院

巴拉什学院是隶属匈牙利教育文化部的一个教育培训机构，建于 2002 年，主要发展于 2007 年大力合并之后。

一、学院建立的背景和目的

在当今全球化的时代，除经济竞争外，还有国家之间日益强烈的文化竞争。面对这些挑战，需要对自己的文化及其价值推介进行深刻理解和反省。世界上一些国家主办一些学院或网络学院，其目的是设计一个尽可能反映该国关注的引人入胜的象征，并推广与之有关的语言知识、文化及信息。大家所熟知的英国文化委员会、歌德学院和法语学院均在匈牙利出现过。

对这些过程有意识地思考及意识到若没有国家的支持，而对匈牙利境外的匈牙利族人在保护本民族语言上进行有效的支持是不可能的，同时意识到加入欧盟后新的任务突现，匈牙利教育文化部决定建立一所能在匈牙利语的语言和文化保护、发展、表达、传授及研究方面统领全局的学院，其将统一有关匈牙利研究机构及院校系统无序的局面。

巴拉什学院（Balassi Institute）全称为巴拉什·巴琳特学院，创建于 2002年，就是基于以上所列的目标所启动的。作为一个合法的继任单位，对匈牙利语学院（半个世纪历史）和国际匈牙利研究中心（建于 1989 年）具有全部管辖权。新的学院继续开展原两所学院的基本活动，并根据其基金会契约增加了数个新领域的活动。

自 2007 年起，匈牙利奖学金委员会办公室（HSB）、匈牙利国际学院、马顿·阿龙学生中心办公室和巴拉什语言学院归为巴拉什学院赞助和管理，其中HSB 每学年度公布大学及研究学者奖学金和暑期（短期）奖学金情况。

二、学院架构

巴拉什学院包含以下机构：匈牙利奖学金委员会办公室（HSB）、匈牙利国际学院、马顿·阿龙学生中心办公室、巴拉什语言学、留学匈牙利中央办公室。

学院联系方式：

Central building：Balassi Institute.

Address：1016 Budapest，Somlói út 51.

Postal address：1519 Budapest，Pf. 385.

Telephone（central）：（+36 1）381 5100，（+36 1）381 5119.

Telephone（dormitory）：（+36 1）381-5160.

E-mail：bbi@ bbi. hu.

三、学院职能

学院致力于为在匈牙利的非匈牙利族人生活或短期居留人员教授匈牙利语及提供匈牙利研究，为获得国家奖学金而被接纳为高等教育的外国人提供相关研究领域的准备工作、信息技术和外语。

（一）履行相关职责

（1）为境外的匈牙利族人提供匈牙利语教育培训；为境外的匈牙利语教师及专家进行长期教育、语言及术语方面的后续培训。组织匈牙利语研究及少数民族权力方面的课程。

（2）与从事匈语研究的国际网络学院合作，推动海外匈语语言、文化及匈牙利研究方面的教育和研究。

（3）把国家认可的匈语作为外语的语言考试，并提供准备课程、组织考试和参与到语言考试的质量体系。支持国外从事匈牙利语研究的高等教育机构的网络建设——在双边教育合作计划基础上形成系、处、工作坊等，从而选派教师到国外教育机构工作。

（4）建立和保持与国内外从事匈牙利语研究的机构——工作坊等保持联系，只要可能，就为其提供一个共同的专业性的工作坊。执行研究和组织任务，参与提升和出版教科书及教育科目指导，并用匈牙利语或外语出版科技刊物或流行科学杂志。

（5）建立和操作从事匈牙利研究的奖学金和支持体系。

（6）建立、丰富和运作为教师、研究者和学生提供文献的图书馆；参与到国际图书馆网络中，并搜集有关匈牙利研究的特殊文献；参与寻求与收集、录制与精心阐述海外有关匈牙利传说及匈牙利族人的材料。

（7）创建和发展数据库，通过提供教育机构信息、匈牙利语教师和教育材料，帮助从事匈牙利研究的人员、团体和机构。通过网页，对匈牙利语、匈牙利文化及其研究感兴趣的机构和人员间提供直接信息交流的平台。

（8）组织展览、活动和专业会议，旨在使匈牙利语、匈牙利文化及其研究得到认可和流行。

（二）培训课程

巴拉什学院根据外国学生的不同要求制定各种教育项目，其中包括为那些希望用匈牙利文完成大学学业的外国学生提供一年的大学预科教育。

提供课程周期：10个月（9月至6月）

课程课时数：每周28～30节（总共900个学时）

第一学期为语言强化学习，第二学期在教育语言的同时增加专业语言课时。

选修专业方向：农业、文科、法学、经济、工程、医学、化学、旅游、餐饮。

免费水平考试，还包括5～10人一个班，45分钟/节课，免费语言练习，电脑语言视听室，国家承认的语言考试（罗兰大学外语培训中心 Origo 考试或者 ECL 考试），免费使用网络，提供宿舍，具有佩奇大学认证资质。

第八节　匈牙利奖学金委员会办公室

自2007年匈牙利奖学金委员会改革后，其就被并入巴拉什学院，并搬入现址——巴拉什学院总部大楼，匈牙利奖学金委员会办公室的权力也随之下降，但事务仍由其本身完成，匈牙利奖学金委员会办公室负责与各个国家奖学金项目的联络。

其联系方式如下：

Central building：HSB.

Address：1016 Budapest，Somlói út 51.

Postal address：1519 Budapest，Pf. 385.

Telephone：（+36 1）666 7976，（+36 1）666 7978.

Fax：（+36 1）343 6489.

一、有关执行新协议后中国学生来匈牙利留学相关问题的调研

2009 年 8 月，经教育部批准，中国与匈牙利教育合作执行计划 2003—2006 年（2005 年经批准后延长至 2009 年 8 月 31 日）延长至 2009 年 12 月 31 日。为了配合习近平总书记访匈，中国驻匈牙利大使馆教育组按照国内指示协助中匈教育合作执行计划 2010—2012 文本的沟通、协调和签署，并于 2009 年 10 月 16 日由习近平总书记见证，高建大使签署。新协议中在中匈互换奖学金数额、互换方式以及准备材料等方面发生了一些变化，为了更好地执行新协议，提高留学效率，中国驻匈牙利大使馆教育组对相关问题进行了调研。

二、中国学生来匈牙利留学操作程序

自 2007 年起，匈牙利奖学金委员会办公室（HSB）与匈牙利其他几所学院划归巴拉什学院管理，而巴拉什学院是一所为应对国家之间日益激烈的文化竞争而由匈牙利文教部组建的学院，留学时间及申请材料根据相关规定执行。

第十章

匈牙利高等教育未来发展之路

第一节 担忧与改革

匈牙利高等教育收费改革举步维艰，教育理念有待深化，财政支持受到质疑，专门从事科学技术的学生人数不断下降。因此，从事科学研究的后备人才越来越少，本文考察了匈牙利医学学位授予的要求、程序和特点，结合中国学者在匈牙利获得医学学位的亲身经历，并与中国培养医学学位的实践相比较，有以下几方面可供中国借鉴：

（1）建立博士研究生培养的量化体系和质量评价指标，即博士研究生培养的环节，如刚性指标和要达到的分数（如课程成绩、在不同期刊上发表的文献、有奖研究成果等）。评价标准要统一量化。

（2）建立健全全国（或地区）博士生评价制度，实行各校共享，杜绝导师选聘评委的做法，保证论文水平，成立个案答辩委员会。

（3）各高校要充分发挥互联网功能，将博士论文"上网"（至少可以从网上下载详细的中英文摘要），加强与国内外博士论文的交流，对文献和答辩水平起到监督作用，提高透明度。

（4）规范博士论文写作格式，尽量推广英语写作，促进交流，扩大影响，提高博士论文在中国的声誉。

第二节　经济环境对教育的支撑作用

匈牙利各级教育的主要目标是突出各种技能的培养，提高学生离校后对社会的适应能力，能够运用技能分析和解决实际问题，能够与他人沟通和交流，具有组织管理能力、创造性思维以及选择未来的能力。在这些培养目标上，学校教育以学生为重点，并主要探讨了培养的方式，老师和学生互相提问和讨论，鼓励学生发表个人意见；在有些学校，学生可以围坐在老师周围的地上，畅所欲言；学生在中小学还要写论文和实验报告，这种教育形式和教育目标造就了一代又一代匈牙利公民竞争、现实、勇于面对挑战和创新的能力，它为这个国家成为世界强国创造了最重要的基础（殷翔文，1998）。

一、教育产出的高回报

对个人的回报可以反映在不同教育水平的年收入比中。以 25~34 岁获得高等教育文凭的老年人的年收入比为 1，那么只受过 9~10 年教育的男女收入比分别从 1970 年的 0.84 和 0.69 下降到 1995 年的 0.74 和 0.62，男女本科以上学历教育完全适应经济建设对人才培养的需求。匈牙利教育对人才培养的整体适应，主要表现在以下几方面：20 世纪末 21 世纪初应对经济、市场、社会、全体公民、各层次、各行业、各工种的需求，社会需要什么样的人才，办什么样的学校，创造什么样的专业，培养什么样的人才，需要多少人才就培养多少人才，无论哪种方式培养人才，都应该为国家经济发展服务，提高国家的国际竞争力。

二、匈牙利教育体系的主要特征

匈牙利教育体系有四个阶段：学前教育、初等教育、青年教育和终身教育。正规教育与非正规教育的交流随着成人教育规模的扩大和与非正规教育系统的交流，正规教育系统日益开放。教育和培训的目的不仅是为了年轻人，还为了所有公民，包括退休老人；教育本身不仅是行政部门、教师和教育学校的事业，也是整个社会的共同事业，努力确保社会成员有机会和条件不断接受新知识和新能力。正规教育，特别是高等教育的注册管理，在通识教育和职业技术教育之间的沟通方面，往往是灵活的，他们可以转到所谓的学术课程，接受高等教育，高校中的老年学生越来越多，即所谓的兼职学生。

随着学生学习年限的延长，职业技术教育逐步向高级阶段延伸，把匈牙利变成一个全国都是学生的国家是匈牙利教育体制改革和发展的大势所趋，而要把国家共同体建设成一个学习的地方，"终身教育是我们的生活方式"。多样性是匈牙利经济和社会的一个突出特点，匈牙利教育在培养人才的方式上适应了这种多样性，最典型的是社区学院。匈牙利社会普遍认为，匈牙利的经济发展在很大程度上得益于社区学校的发展和支持，匈牙利社区学院已成为最具活力的高等教育层次。匈牙利社区学院集是学历教育、转学教育、职业技术教育、成人教育、继续教育、文化教育于一体，以社区为导向的服务和教育，其方法、课程设置、入学科目、学制、教学内容和教学时间视市场需求而定，经费主要来自地方和国家拨款及学生学费，学生无须通过人文考试，不受年龄限制，完成必修课程并获得相应学分后，可根据相关协议直接转入四年制大学，或取得相应的专业资格后直接就业。教育与工贸紧密合作。匈牙利教育特别是高等教育与工贸有着十分密切和相互依存的关系，主要有三种合作形式：产学研结合、产学研合作和跨国联合发展。

三、匈牙利教育应对国际环境的举措

近年来匈牙利组织学生分阶段、分批赴欧洲其他国家、亚太、非洲、拉美地区学习。他们一方面进行现场调查，另一方面，探索建立由大学和企业联合经营的跨国合作研发机构，与匈牙利经济发展战略相结合，以拓宽自由贸易和国际化的市场领域。这对提高国家和企业的竞争力，确保匈牙利在世界竞争中的科技、技术和经济优势发挥了重要作用。匈牙利产学研合作有两种形式，在世界上有很大的影响：一是建立以高校为主体的联合体；二是以高校、科研院所为核心，带动一大批高新技术产业化。匈牙利产学研合作的主要内容有：大学与企业联合组织咨询小组或召开会议，讨论共同关心的问题，许多科技发展举措由大学承担，大学能够迅速实现科技成果的产业化和商业化，缩短了从科

研到生产的周期，促进了科技进步和经济繁荣。相反，大学也应允许其产业伙伴从大学中重新获得训练有素、朝气蓬勃的青年人才和科研成果。

当前的形势表明，匈牙利教育和经济的发展已经形成了相互依存、相互融合、相互促进的良性循环，借鉴其正反两方面的经验，对中国进一步实施"科教兴国"战略，实现经济增长方式的"两个根本转变"，具有十分重要的意义。

第三节　欧洲教育一体化后的新挑战

在"博洛尼亚进程"框架结构方面，其主要目标、项目框架和政治体制已经形成，并在实施和巩固阶段不断变化，欧洲高等教育区国际竞争力的不断增强，显示了"博洛尼亚进程"在世界上的非凡成果。全球化的背景对"博洛尼亚进程"提出了新的挑战。高等教育的范围将不仅局限于欧洲，而且扩展到所有领域、整个生活以及全球领域（卢宋玉，2017；刘爱玲，2019）。

一、"博洛尼亚进程"中高等教育国际化的推进和动力不足

欧洲一体化无疑成为可以促使欧洲教育一体化的一大助力。随着经济和政治全球化的不断发展，教育国际化日益成为各国和地区教育改革和发展的热点问题。高等教育国际化是教育全球化的主要表现形式。放眼全球，走向全球的高等教育才是大多数国家选择的教育趋势与方式。因此，在这样的大环境下提高欧洲高等教育区在世界上的竞争力和吸引力，实现欧洲高等教育国际化将成为当务之急。另外，不能忽视的部分就是国际流动（特别是学生流动），它是欧洲高等教育整体发展的重要组成部分。

欧洲国家把高等教育视为一种社会责任，因此确保平等接受高等教育具有重要意义。伯根在 2005 年的沟通中明确提出："高质量的高等教育应该提供平等的入学机会，为学生提供适当的条件使他们能够完成学业，而不受与其经济和社会背景有关的困难阻碍。"欧洲高等教育区应不断努力确保所有群体平等接受高等教育，扩大各级群体，特别是非代表性群体的参与，为学生提供适当的条件，帮助他们完成学业，减少甚至消除因经济和社会背景而产生的障碍。

在"博洛尼亚进程"中，高等教育内外部质量保障的改善和参与是不够的，长期以来，高等教育、科研创新在增强社会凝聚力、促进经济增长和全球竞争力方面的作用不容忽视。质量保证对所有参与者的实施至关重要，"博洛尼亚进程"中的质量保证涉及国际和外部保险，通过以下方式促进欧洲在质量保证方面的合作：开发可比较的标准和方法是"博洛尼亚进程"最初提出的六个目标之一。2008年3月4日，欧洲高等教育质量保证注册中心正式成为"博洛尼亚进程"中的第一个法律实体，注册中心以质量保证标准和指南为参考标准，验证外部质量保证机构是否有资格认证，有效提高了欧洲高等教育质量保证的透明度，提高了外部质量保证机构的公信力和专业性。

二、国际流动

国际流动造成了人才流失的问题，这是一个值得深度讨论的问题。为了可以促进欧洲与中东国家的政治对话与合作，博洛尼亚政策论坛建设了相应的平台，与联合国教科文组织的积极互动也变成促进欧洲高等教育全球化的一大有力途径。作为区域高等教育领域成功合作的典范，"博洛尼亚进程"的政治框架为亚洲、拉美等地区区域教育一体化的实践提供了一个范例。瑞典教育家托尔斯顿·胡森（Tolston Husen）在"博洛尼亚进程"推动高等教育公平和财政约束的过程中强调，教育机会均等在不同时期有着不同的含义，经历了四个阶段：同一起点理论、教育公平理论、平等过程论和平等结果论。

国际流动包括欧洲高等教育区内教师、学生和管理人员的流动，也包括欧洲高等教育区以外的流动和非欧洲高等教育区的学生拥入。由于在欧洲毕业于高等教育领域的人非常少见，因此在很多国家中，非欧洲高等教育区的学生流入和流出率不到5%。

三、精英培养与大众化高等教育的矛盾

在高等教育发展的背景下，高等教育领域的精英人才应该有更高的文化和道德修养，有丰富的理论知识，从学校教育和离校后的职业发展两个阶段，从课程设计、实践教育、人才培养等五个维度构建适合本行业的特色培养模式，根据不同的培养目标，多维度采取符合人才培养规律和学科特点的措施。高等

教育传播对精英教育产生重大影响，随之而来的是高等教育质量的下降。但经济发展方式的转变要求精英教育理性回归，大众化精英教育必须走认知发展道路，加快转变教育发展方式，建立与精英人才培养相适应的分类培养管理体系，营造浓厚的创新文化氛围。

四、教育合作发展之路

高等教育国际化是将国际或跨文化维度融入高校的教学、科研和服务职能，促进培养具有全球竞争力的国际化人才的过程，促进国际贸易和前沿科技合作。在经济全球化背景下，高等教育国际化是各国应对全球地缘政治竞争的人才培养战略。随着经济全球化的深入，高等教育国际化已成为促进学校发展的重要手段。这也是国家扩大文化交流、增强全球化竞争力、实施国家战略的重要途径。

第四节　终身学习之路

2003 年秋，在审查"达·芬奇计划"和"苏格拉底计划"的基础上，欧盟委员会决定将现有的教育和培训方案纳入一个单一的计划。欧盟委员会通过决议，正式设立终身学习计划，终身学习计划旨在通过教育与培训的合作，满足欧洲一体化和欧盟知识型社会建设的需要。培养欧盟超国家人才，同时追求重建欧盟教育辉煌的抱负："让欧盟教育培训体系的质量成为世界一流的参考"，让欧盟成为学生最向往的目的地。以"达·芬奇计划"和"苏格拉底计划"为核心的终身学习计划，纳入欧洲联盟 2004 年制订的电子学习计划和"伊拉斯谟-蒙杜斯计划"。特别是支持成员国的终身学习改革和高等教育现代化，提高了欧盟教育和培训的质量、透明度和流动性。欧盟委员会开始审议"终身学习计划"的后续计划，2009 年 5 月 12 日，欧盟委员会通过了《欧洲教育与培训合作战略框架》（教育与培训 2020），决议强调"教育和培训可以在应对欧盟现在和未来面临的众多社会经济、人口、环境和技术挑战方面发挥关键作用"。欧盟必须在"终身学习计划"的基础上，制定新的欧盟教育培训合作战略框架，其基本原则是充分尊重成员国对教育体系的责任，支持成员国的教育体系。该框架包括四个战略目标："实现终身学习和流动性，发展终身学习，提高教育培训质量和效率，促进教育公平、社会凝聚力和积极的公民意识。"我们需要在各级教育和培训中加强创造、创新和创业文化，2020 年欧洲教育和培训合作战略是制订终身学习方案的关键框架（刘爱玲，2019）。

一、体现了功能性

在发展终身学习的过程中，终身学习已逐渐成为促进人的不断发展的工具，教育不仅作为教育存在，教育服务也日益重要。作为终身学习服务体系的一部分，教育机构拓宽了原有的教学内涵，丰富了学校教育的功能，各类学历和非学历组织都是终身学习服务体系的一部分，确保非教育组织落实教育性质，开发教育资源，充分发挥教育职能。

二、体现了完整性

本书以教育属性为参数，构建了终身学习服务体系，详细分析了提供终身学习服务的主体。学习内容和学习场所的普遍性极大地拓展了学习服务的主体，对传统的学校教育提出了挑战，学习不再局限于课堂，因为终身学习包括一个人从出生到死亡的生命的各个阶段为不同的目的而进行的不同形式的学习。从完全教育性质的学校，从部分教育性质的社区组织到非教育性质的工商企业，终身学习服务体系将是教育性的，它将产生教育影响和积极影响。所有提供终身学习服务的人都包括在内，对于学习科目，无论是接受教育的学生还是需要提高专业技能的员工，都可以找到相应的学习服务材料，这充分反映系统的完整性。

三、为进一步资源融通奠定基础

根据不同学科的教育性质，各学科在教育资源上各有优势，正规教育机构作为有针对性、有组织、有程序的学习场所，拥有基本的教育资源，能够满足日常教育学习的需要，作为课程资源有优秀的教师、学习场所等。半教育组织具有一定的教育性质，可以提供一些学习服务，如图书馆、文化中心等文化组织。非教育组织不具备教育的性质，但可以通过其他方式服务于终身学习，如工商企业的管理方式工厂基地，以及各类政府成人教育机构的管理和组织职能，优质资源是服务终身学习的必要条件。为明确各类学习服务提供者终身学习和跨主题学习的资源效益，有可能为不同学习资源的进一步整合和利用创造基础，促进资源的互补整合。首先，分类标准的流动性，可以提供终身学习服务的学科的半教育性和非教育性分类存在一些问题，如何成为半教育性的组织，如何成为非教育性的非组织，如文化团体和博物馆的大众传媒以及工商企业的大众传媒分别属于半教育性和非教育性组织，但它们之间是否有实质性的区别还有待讨论，要对提供终身学习服务的各类学科进行准确分类并不容易。其次，教育的功能有限，建设学习型社会是共同的愿景和目标，而众多行动者积极参与终身学习服务是学习型社会建设成功的关键。教育有了一个新的含义：无论是传统的正规教育，还是该系统中所谓的半教育和非教育组织，都是教育性的，具有更为显性或隐性的教育资源和功能。学习和教育可以在任何时间、任何地点、任何科目进行。而被定义为半教育性或非教育性的组织机构，无形中被贴上了不具有教育性的标签，会使各主体给自己做相应定位，并做相应的教育定性，在一定程度上不利于各组织机构拓展更多的教育功能。最后，体系要素之间的联系与融通机制有待进一步完善。完备的终身学习服务体系要求各要素既相互独立又有机联系，而各主体要素的融通衔接是促进资源整合、提高资源利用率的有效方式。

四、终身学习的特点

在终身学习中，学习主体具有普遍性和多样性的特点。教育的发展不再由政府主导，发挥教书育人作用的虽然主要是学校，但必须转变为让更多学科的参与和协同发展。终身学习具有能够随时随地学习的特点，学校、社会和家庭基本上构成了人们的主要生活环境，按照空间分布的层次分类考虑终身学习服务，基本可以满足人们在不同环境下的学习需求。学校包括国家教育系统下的所有类型的教育机构。社会是一个伟大的系统，它包括学校和家庭以外的所有社会组织，为所有公民开展社会教育。它可以覆盖世界各地的所有培训课程以外的学校，并有完善的住宿条件。

五、终身学习的实现

在经济快速发展、信息技术不断更新的时代，终身学习是必然的发展趋势。以促进全民终身教育和终身学习的不断进步，不仅需要立法和专门机构给予它独立的地位，而且需要专门的终身学习资源和教师来确保实现。

首先，在终身学习服务体系中，学校作为终身学习服务体系的一部分，具有终身学习的意义。各级各类教育都有终身教育的责任和义务，都在不断推广和完善各类教育，促进教育公平和学校资源的开放，体现对学校主体的服务。各种社会力量参与终身教育服务，包括企业和社会组织不断开发教育资源，不断下放政府权力，给予地方政府更大的自主权，这些都体现了终身学习服务的服务性质。其次，突出住宿。根据学校、家庭和社会为构建终身学习服务体系提供了良好的容身之所。学校作为正规教育的主要场所，具有重要的资源优势，包括教与学、优秀的教师等；在社会系统中，不同的社会力量作为终身学习服务的主体，拥有不同的学习资源，如企业有较好的经济基础、管理方式、实践场所和对市场的敏感性；社区有场所、组织等显性资源以及社区氛围等隐性资源；在家庭中，优秀的家风、老人的言行、安静温暖的环境也可以成为终身学习的资源，每门学科都有自己的优势。为了充分发挥其效益，可以整合资源，最终达到"1+1>2"的效果。最后，具有良好的适应性。丰富多样的终身学习服务体系，包括学校、家庭和社会，它具有包容性、服务性、通融性的特点，有助于终身学习的全过程，促进学习型社会的发展，而专有资源的缺乏，使学校超载，在终身学习的背景下，教育资源的共享与整合是发展的趋势，也是时代的需要。所有主题服务资源都是开放的，包括逐步面向社会的学校，成为没有"墙"的学校。促进和发展终身学习需要更多的专用资源，以确保对终身学习机构的充分保护和发挥其独立性。

目前，中国终身学习的发展更多地依赖于传统学校资源的支持，缺乏独立的终身学习机构。"社会教育"一词在民国时期由日本传入中国，主要与中国革命和民族生存有关。社会本位更多地体现在：思想政治教育和社会成员的社会教育由政府主导，更加强调其社会属性和社会启示，更具包容性和服务性，体现终身学习、学校教育和家庭教育服务于实现个人终身学习和全面发展。更加注重满足个人发展和社会成员的多样化需求，更加注重服务主体的多样化，为实现全民终身学习服务。另外，政府对教育的领导被削弱，权力逐渐下放。进一步调动企业、社区、非政府组织等社会系统其他主体的力量，共同推进学习型社会建设。社会教育理念能否恰当体现为全民终身学习服务的理念，值得进一步思考。

第五节　后疫情时代匈牙利的高等教育发展之路

20 世纪 20 年代初的新型冠状病毒肺炎疫情以前所未有的速度在世界范围内迅速蔓延，成为百余年来第一次大规模的全球性疫情，对世界政治经济形势产生了重大影响，根据联合国公布的"新一轮冠状病毒肺炎暴发期间和之后的教育政策简报"，这一流行病对学校系统造成了历史上最严重的破坏。全球 191 个国家和地区关闭了学校和教育机构，近 16 亿学生受到影响，匈牙利政府和教育部门积极应对，开展了疫情防控活动，采取了推迟开学、停课、停学等措施，有效控制了疫情在全国的蔓延，随着疫情明朗各级学校纷纷复课、复学，虽然世界各地的疫情有不同的地区规模，但总体社会秩序正在逐步恢复（张应强，2020；钟秉林等，2021）。

疫情期间的在线教学实践，凸显了教育信息化进程中存在的问题。第一，在教学内容上，要深化部分课程的网络教学方法，如物理、化学、生物等基础学科的实验课，以及机械生产等专业的实训和实践教学。第二，在教育观念方面，随着信息技术与教育教学技术的融合，教学观念、课程观念、学习观念都发生了相应的深刻变化，但观念的转变其实远远落后于技术的更新。第三，在教育资源方面，区域、城乡、学校之间教育信息技术资源配置不平衡，扩大了"数字鸿沟"的可能性，一些学校难以满足教育活动的需要，影响教学的进度和效果；一些教师不能按字母顺序排列信息，不能满足网络教育和综合教育的需要。第四，在教育评价方面，传统的教学评价标准和方法，如课堂教学质量评价，难以适应教学方法、学习方式和教学管理的深刻变革。第五，在教学方法上，教师不能及时有效地关注学生课堂的学习，教育的本质是人与人之间的精神交流，师生之间难以有效互动，成为网络教学短板。

疫情的发生影响了高校与利益相关者、政府与社会的多元关系和基础。高校内部治理结构、外部治理结构和国际治理模式都在发生变化，一是在内部治理方面，改变了高校突发事件的正常管理和管理策略，确定不同的返校时间、疏散教室、保持社会距离是高校的通行做法，然而，返校时、放假时，如何在外教不能返校的前提下保证学生的外语教学，而如何为复课提供精细化、人性化的管理策略，都是对匈牙利高校内部治理能力的考验。新冠疫情使高校与外部环境的关系与合作更加紧密，政府与企业在高等教育治理中发挥着更加重要的作用。匈牙利卫生委员会和地方政府都不同程度地参与了学校的恢复工作。在疫情期间，各国政府在组织替代教育措施方面发挥了主导作用。

匈牙利在新冠疫情防控方面取得了显著成效，为留学生提供了健康、安全、有序的教育环境，不仅减少了目前留学生的生存损失，也提高了对潜在留学生的吸引力，原来转向欧美发达国家的留学生将成为中国的潜在留学生，而且匈牙利的留学教育具有低成本、高质量的特点，形成了较为完善的留学人员培训和服务体系，体现了较大的比较优势。

主要参考文献

中文参考文献：

[1] 王庆年. 匈牙利优先发展教育的战略规划、战略措施及其成效 [J]. 世界教育信息，2009（08）：17-19.

[2] 王庆年. 金融危机以来匈牙利教育投入及其影响浅析 [J]. 中外交流，2016（08）：50.

[3] 高耀明，张继龙，王丽平. 欧盟教育合作的演进及其启示 [J]. 外国中小学教育，2019（11）：10-19.

[4] 车如山，李昕."博洛尼亚进程"与匈牙利高等教育改革 [J]. 西北成人教育学院学报，2014（03）.

[5] 许云昭，陈元魁，官春云，等. 匈牙利、捷克、波兰高等教育考察的启示 [J]. 湖南教育，2002（22）.

[6] 杜永军，郭伟，郑旭杰."博洛尼亚进程"影响下的匈牙利私立高等教育发展——访布达佩斯城市大学副校长焦尔基·图里 [J]. 世界教育信息，2019，32（23）：3-6.

[7] 孙也刚. 匈牙利的高等教育和学位制度 [J]. 学位与研究生教育，1999（02）.

[8] 佚名. 匈牙利在高等教育中与中国的合作 [J]. 世界教育信息，2008（06）.

[9] FREEMAN K，洪颖滔. 高等教育和跨国企业联系——建立一个互通的渠道：从匈牙利得出的对中国的启发 [J]. 比较教育研究，2002（S1）.

[10] 车如山，李昕．博洛尼亚进程与匈牙利高等教育 [J]．商，2013 (12)．

[11] 王晓平．匈牙利考虑合并高等院校 [J]．世界教育信息，1994 (11)．

[12] 张德启．借鉴匈牙利院校认证经验　完善我国本科教学评估制度 [J]．中国高教研究，2009 (03)．

[13] 张德启．匈牙利高等教育院校认证的特点与启示 [J]．复旦教育论坛，2009 (04)．

[14] 胡宗定．波兰、匈牙利化工教育概况 [J]．化工高等教育，1984 (01)．

[15] 董竹娟，葛学彬，陈桂营．浅议美国高等教育质量保障体系 [J]．北京教育，2018 (1)：85-88．

[16] 张应强．后疫情时代我国高等教育国际化向何处去 [J]．高等教育研究，2020 (12)：1-9．

[17] 钟秉林．后疫情时代我国高等教育发展的宏观思考 [J]．教育研究，2021 (5)．

[18] 陈乃林．两重视域下全民终身学习体系建设的思考与建议 [J]．当代职业教育，2020 (1)．

[19] 桑宁霞．国际视野下终身学习服务体系构建的路径选择 [J]．中国成人教育，2021 (3)．

[20] 刘敏．中外高等教育合作发展模式创新研究 [J]．教育教学论坛，2021 (5)．

[21] 王志强．粤港澳大湾区高等教育合作发展的实践逻辑与未来关切 [J]．大学教育科学，2021 (3)．

[22] 王聪聪，徐峰，乐斌．新发展格局下我国对外高等教育合作的挑战与应对 [J]．宁波大学学报 (教育科学版)，2021 (5)．

[23] 范结兵，李晓华，吕蔷蔷．高等教育大众化背景下通信领域精英人才培养模式探析 [J]．南京邮电大学学报 (社会科学版) 2013 (9)．

[24] 刘爱玲，褚欣维．博洛尼亚进程20年：欧盟高等教育一体化过程、

经验与趋势［J］. 首都师范大学学报（社会科学版），2019（3）.

［25］殷翔文. 以优先发展的一流教育支撑一流经济：美国教育与经济发展有关情况的考察和思考［J］. 扬州大学学报（高教研究版），1998（3）.

［26］卢宋玉，刘晓平. 论欧盟高等教育合作及其对欧洲一体化的意义［J］. 当代教育理论与实践，2017（5）.

［27］王庆年. 匈牙利研究型大学的评估体系、标准及其影响［J］. 神州，2016（5）.

其他文献：

［1］武夷山，杰出的匈牙利科学家群，http：//www. sciencenet. cn/m/user _ content

外文参考文献：

［1］Higher Education Institutions in Hungary，http：//www. okm. gov. hu

［2］The most popular Hungarian higher education institutions and programs in 2009，http：//www. okm. gov. hu

［3］Education in Hungary-Past，present，future-an overview，http：//www. okm. gov. hu

［4］Come and Study in Hungary，HIGHER EDUCATION PROGRAMMES FOR FOREIGN STUDENTS IN HUNGARY，http：//www. okm. gov. hu

［5］The most popular Hungarian higher education institutions and programs in 2009，http：//www. okm. gov. hu

［6］Education in Hungary-Past，present，future-an overview，http：//www. okm. gov. hu

［7］István Mészáros，The Thousand-Year History of Schools in Hungary（Nemzeti Tankönyvkiadó，Budapest，1999）

［8］National Summary Sheets on Education Systems in Europe and Ongoing Reforms，Hungary，Eurydice，2007

［9］Education in Hungary 2006，Hungarian Institute for Educational Research and Development, Budapest, 2007, or http: //www. ofi. hu

[10] The New Hungary Development Plan (2007—2013), the Social Rene wal Operational Programme, Social Infrastr ucture Operational Programme. http: //www. nfu. hu

[11] Equity in Education. Dimensions, Causes and Policy Responses. OECD country analytical report, 2007: Country sheets

[12] Towards Bologna, The Hungarian Universitas Program - Higher Education Reform Project, http: //okm. gov. hu

[13] Strategy of the Government of the Republic of Hungary for Lifelong Learning. http: //okm. gov. hu

[14] Equity in Education. Dimensions, Causes and Policy Responses. OECD country analytical report, 2007: Country sheets

[15] National system of innovation in Hungary, OECD Background Report 2007

Characteristics of Hungarian Higher Education on an international perspects, NEFMI (Ministry of National Resources) statistics, http: //www. nefmi. gov. hu/english

[16] BARAKONYI, K. Egyetemi kormányzás. Merre tart Európa? (University governance. Where is Europe headed?) Kagazdasi Szemle (Economic Review). 2004: Volume LI, pp. 584-599

[17] BAZSA, GY. : Nem a diák sok, a pénz kevés (There is not an abundance of students, but a lack offunds). Népszabadság. 2011, pp. 12

[18] BERDE, é. CZENKY, K. GYOGYI, Z. HíVES, T. -MORVAY, E. SZEREPI, A. Diplomával a munkaeriacon (Degree in hand on the labourmarket). 2006, Online: http: //www. hier. iif. hu/hu/konf/Felsooktatasi _ GYZ. pdf

[19] FRIEDMAN, M. Kapitalizmus és szabadság (Capitalism and freedom). Akadémiai Kiadó. Budapest, 1996

[20] KADOCSA, L. Trendek a felsktatban I. (Trends in higher education I) Magyar Felsktat. 2002/7, pp. 26-28

[21] KECZER, G. A magyar felsktatiry reformjai a lisszaboni stratégia tükrében (Reforms of Hungarian higher education managementin light of the Lisbon Strategy). In: Farkas B. (ed.): A lisszaboni folyamat és Magyarország (The Lisbon Process and Hungary). 2007.

[22] SZTE Gazdálkodástudományi Kar Klemyei (University of Szeged-Communiqué of the Faculty of Economics and Business Administration), 2007. JATEPress, Szeged, pp. 173-186

[23] LUKáCS, P. Piaccá lett felsktat (Market-like higher education). élet és Irodalom (2002): 6. pp. 9-10

[24] LUKáCS, P. (2002): Teges felsktat-globális versenyben (Mass higher education-In global competition) Online: http: //zskflnk. uw. hu/nk/Tomeges_ felsookt. htm

[25] MCMAHON, W. W. (2002): Education and Development: Measuring the Social Benefits, Oxford University Press

[26] MOLNáR, T. Hogy lesznek így diplomásaink? (How will we have graduates this way?) 2011. Online: http: //index. hu/gazdasag/magyar/2011/05/19/felsooktatas/

[27] SCHULTZ, T. W. Beruházás az emberite (Investing in human capital). Kgazdasi és Jogi Kiadó. Budapest, 1983.

[28] VARGA, J. Oktatás-gazdaságtan (Education-Economics). Kgazdasi Szemle Alapítvány (Economic Review Foundation). Budapest, 1998.

[29] VOSSENTEYN, H. Fiscal Stress: WorldwideTrends in Higher Education Finance. NASFAA. Journal of Student Financial Aid, 2004: 34. pp. 39-55

[30] KSH (HCSO) Magyarország 2010 (Hungary 2010). Budapest

NEFMI (Ministry of National Resources) (2010): Oktatás-Statisztikai kyv (Statistical Yearbook of Education) 2009/2010, Budapest, 2011.

[31] OECD (2011): Education at a Glance, 2011, OECD indicators, OECD

[32] OECD (2009): Education at a Glance, 2009, OECD indicators, OECD

[33] Wang Qingnian, Qin Yujie, Hungarian Education Reforms and

Challenges after the Global Financial Crisis, The 3 rd International Conference on Management Science and Management Innovation [MSMI2016], 2016. 8

[34] Wang Qingnian, Hungary's priority to the development of the strategic planning, measures and effects of education, World Education Information (China), 8: 15-17, 2009

[35] http://www. szote. u-szeged. hu/angoltit/pdf/ASC2009. pdf

[36] http://www. okm. gov. hu

[37] Web site: www. naric. hu

[38] Web site: http://www. mab. hu

[39] Web site: http://www. oh. gov. hu

[40] Web site: http://www. felvi. hu

[41] Bologna Process- European Higher Education Area, www. naric. hu

[42] ENIC-NARIC Networks-gateway to recognition of academic and professional qualifications, http://www. naric. hu

[43] Wang Qingnian, Qin Yujie, Hungarian Education Reforms and Challenges after the Global Financial Crisis, The 3 rd International Conference on Management Science and Management Innovation [MSMI2016], 2016. 8 (CPCI-SSH)

[44] Lisbon Recognition Convention, http://www. naric. hu

[45] European Area of Recognition Manual, http://www. naric. hu

[46] European Recognition Manual for Higher Education Institutions, http://www. naric. hu

[47] European Association for Quality Assurance in Higher Education (ENQA), http://www. naric. hu

[48] Hungarian National Europass Centre, http://www. naric. hu

[49] U. S. DepartmentofEducation. TheConditionofEducation 2017 [M]. National Center for Education Statistics, 2017: 242, 248.

后　记

　　匈牙利是"一带一路"沿线国家中一个非常重要的节点国家，与中国在经济、贸易、科技、外交与国际合作等诸多方面有良好的合作，是非常务实的一个国家。

　　本研究是基于本人从事高等教育国际化领域多年来的心作，特别是基于曾经在中国驻匈牙利大使馆教育组工作的经历，对匈牙利高等教育有一定的认知和把握。本研究的特色是把匈牙利的高等教育机构进行了全方位的分析，并且列出了匈牙利高等教育机构的中英文、中匈文对照名称，这些都有利于中国高校比较容易地找到合作高校并了解相关情况。但由于本人和团队的能力和时间有限，本书尚存在很多不足，希望在今后的研究中加以改进。具体来说有以下几方面存在不足：

　　（1）本研究对匈牙利高等教育演变与改革进行了一定的探讨，并提出了一些政策建议。但是由于对教育思想演变把握得不一定非常准确，有些提法还需要进一步契合"一带一路"倡议的需要。

　　（2）匈牙利高等教育中的高等职业教育非常具有特色，但是由于时间和精力投入有限，后续将在这些方面进行探究。

　　（3）在相关材料收集上仍需要进一步细化，做到细致入微。用词上也需要一些商榷和考究。

　　总之，通过此次研究，为本人和研究团队在该领域的探索提供了一次重要尝试，也希望业界同人多提宝贵意见。

王庆年于 2021 年 7 月

附　录

附录 1　匈牙利的高等教育研究参考

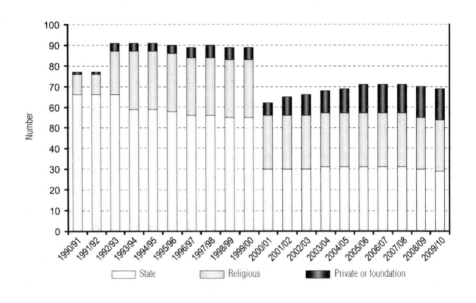

1. 1　**Education and higher education as a percentage of the budget**

Table 7

GROSS SUMS OF TOTAL EDUCATION AND HIGHER EDUCATION EXPENDITURES IN THE BUDGET OF THE REPUBLIC OF HUNGARY, 2000–2009

| Year | Total education | | Higher education | | |
	expenditure appropriation (at current price, in HUF million)	expenditures as a percentage of appropriations	expenditure appropriation (at current price, in HUF million)	expenditures as a percentage of total expenditure appropriations	expenditures as a percentage of total expenditure appropriations
2000	672,943	17.76	143,239	3.78	21.29
2001	770,879	17.10	155,379	3.45	20.16
2002	932,529	21.58	176,473	4.08	18.92
2003	1,071,456	20.18	207,604	3.91	19.38
2004	1,089,090	17.76	205,179	3.35	18.84
2005	1,170,113	17.47	216,554	3.23	18.51
2006	1,216,135	15.50	224,544	2.86	18.46
2007	1,228,401	14.75	242,771	2.92	19.76
2008	1,275,107	14.14	256,390	2.84	20.11
2009	1,237,224	13.81	252,713	2.82	20.43

Source: Authors' own editing based on the Statistical Yearbook of Education (2009/2010) and the budget acts

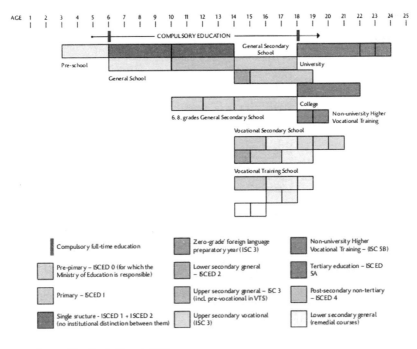

Source: Education in Hungary 2006

1. 2   Simplified education and training laws

简化的教育与培训相关法律规定：1. Act LXXIX of 2003 on Public Education

2. Act LXXVI of 1993 on Vocational Training

3. Act CXXXL of 2005 on Higher Education

4. Act CI of 2001 on Adult Training

5. Act C of 2002 on the Recognition of Foreign Certificates and Degrees

6. Act XXXVII of 2001 on the Guidelines Regarding the Textbook Market

7. Government Regulation No 130/1995 (X. 26.) on the National Core Curriculum, last revision

of the NCC by Government Regulation No. 202/2007. (VII. 31.)

8. Decree No 1 of 2006 (17 February) of the Minister of Education on the National Registry of Qualifications

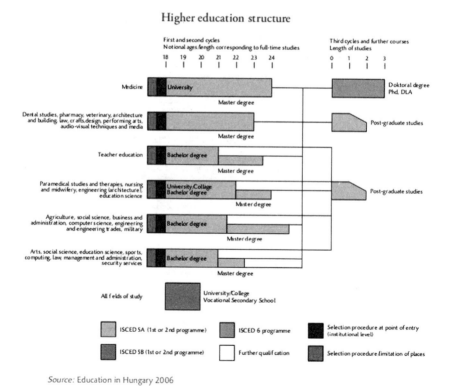

Source: Education in Hungary 2006

1. 3 Structure of higher education in Hungary

Education attainment of the Hungarian population (1930–2005)

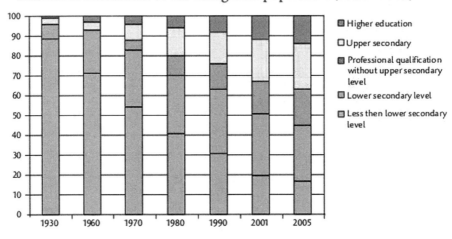

Source: Jelentés a magyar közoktatásról 2006

Size of generations in 2004 and estimated size in 2010 (thousands)

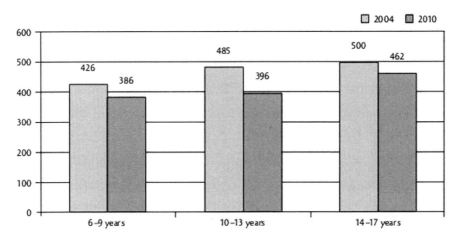

Source: Education in Hungary 2006

Population that has attained at least upper secondary education (percentage by age group, 2004)

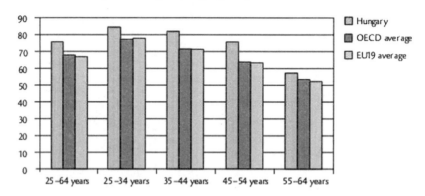

Source: Education in Hungary 2006

Total number of full-time students and of full-time foreign students in the Hungarian higher education (1995–2006)

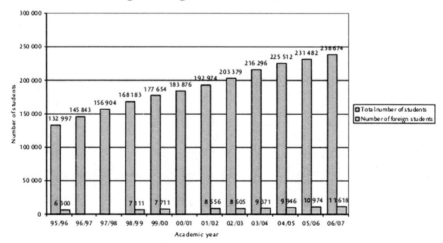

Source: Ministry of Education and Culture

Migrant children in the Hungarian public education (1995–2006)

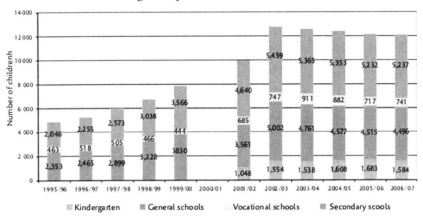

Source: Ministry of Education and Culture

School to work transition: Percentage of the 15–19 age cohort enrolled in education or training (1996–2005)

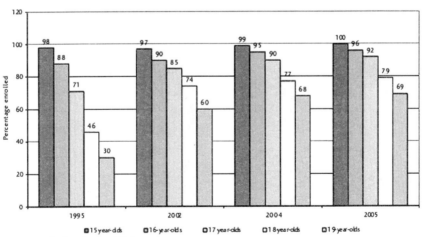

Source: Ministry of Education and Culture

附录 2　匈牙利新政府就职后的教育机构变化情况调研

2010 年 5 月 28 日，匈牙利新政府总理宣誓就职。新政府内阁成员包括第一副总理迪博·那夫拉奇赤，另有 8 个部委的部长。匈牙利新政府的主要任务是：完善教育体系，遏制腐败，消除贫穷，团结少数族裔，振兴匈牙利已衰退的经济。为达此目标，匈牙利新政府把原有的 14 个部委削减/合并为 8 个，而原教育文化部并入国家资源部。

匈牙利新政府在建制上最大的改革是大部制改革，即把原有的 14 个部委削减/合并为 8 个，改革后的部委包括：外交部、经济部、国防部、国家发展部、国家资源部、内务部、少数民族部、公共管理与司法部。改革后，匈政府将是除马耳他政府之外欧洲最小的政府。新的国家资源部是一个超级部委，主管卫生、教育、青年、体育和社会事务等领域。

国家资源部部长为米克洛斯·雷特赫伊（Miklos Rethelyi），现年 71 岁，是匈牙利赛梅维斯大学前任校长，解剖学教授，博士学位。

新教育部门的架构

在国家资源部内，设置分别负责行政、教育、卫生、青年、体育及社会事务的国务秘书，负责教育的国务秘书是 Hoffmann Rózsa 博士。

在国务秘书之下设两个副国务秘书，一个负责高等教育，一个负责公共教育。

附录 3　匈牙利高等院校所能提供的全英语授课本硕博专业名单

一、本科

（一）学士

序号	学科专业	机构	学位	语言	城市
1	农业工程	圣伊斯特万大学	本科	英语	哥多洛
2	农业经营与农村发展	圣伊斯特万大学	本科	英语	哥多洛
3	建筑与建筑工程	布达佩斯技术与经济大学	本科	英语	布达佩斯
4	艺术管理	国际商学院	本科	英语	布达佩斯
5	生物学	罗兰大学	本科	英语	布达佩斯
6	生物学	德布勒森大学	本科	英语	德布勒森
7	工商管理	多瑙新城大学	本科	英语	多瑙新城
8	工商管理	圣伊斯特万大学	本科	英语	哥多洛
9	工商管理	佩奇大学	本科	英语	佩奇
10	商业管理	布达佩斯考文纽斯大学	本科	英语	布达佩斯
11	商业管理	西匈牙利大学	本科	德语	肖普朗
12	商业管理	西匈牙利大学	本科	德语	肖普朗
13	商业信息学	德布勒森大学	本科	英语	德布勒森
14	商业研究	国际商学院	本科	英语	布达佩斯

续表

序号	学科专业	机构	学位	语言	城市
15	化学工程	布达佩斯技术与经济大学	本科	英语	布达佩斯
16	化学工程	德布勒森大学	本科	英语	德布勒森
17	化学	罗兰大学	本科	英语	布达佩斯
18	化学	德布勒森大学	本科	英语	德布勒森
19	土木工程	布达佩斯技术与经济大学	本科	英语	布达佩斯
20	商业与营销	布达佩斯商学院	本科	英语	布达佩斯
21	商业与营销	布达佩斯商学院	本科	德语	布达佩斯
22	传播与媒体	多瑙新城大学	本科	英语	多瑙新城
23	计算机工程	多瑙新城大学	本科	英语	多瑙新城
24	计算机科学	罗兰大学	本科	英语	布达佩斯
25	创作艺术与音乐学	德布勒森大学	本科	英语	德布勒森
26	舞蹈艺术家	匈牙利舞蹈学院	本科	英语	布达佩斯
27	外交学	布达佩斯商学院	本科	法语	布达佩斯
28	地球科学	罗兰大学	本科	英语	布达佩斯
29	电气工程	布达佩斯技术与经济大学	本科	英语	布达佩斯
30	电气工程	德布勒森大学	本科	英语	德布勒森
31	工程业务管理	多瑙新城大学	本科	英语	多瑙新城
32	英美研究	罗兰大学	本科	英语	布达佩斯
33	英美研究	潘诺尼亚大学	本科	英语	维斯普勒姆
34	英语研究	德布勒森大学	本科	英语	德布勒森
35	英语研究	米什科尔茨大学	本科	英语	米什科尔茨
36	少数民族研究	罗兰大学	本科	英语	布达佩斯

序号	学科专业	机构	学位	语言	城市
37	财务会计	布达佩斯商学院	本科	英语	布达佩斯
38	财务会计	国际商学院	本科	英语	布达佩斯
39	芬兰研究	德布勒森大学	本科	英语	德布勒森
40	法语	罗兰大学	本科	法语	布达佩斯
41	法语研究	德布勒森大学	本科	英语	德布勒森
42	法语研究	潘诺尼亚大学	本科	法语	维斯普勒姆
43	普通护理	佩奇大学	本科	英语	佩奇
44	地质学	罗兰大学	本科	英语	布达佩斯
45	德语	罗兰大学	本科	德语	布达佩斯
46	德语研究	德布勒森大学	本科	英语	德布勒森
47	德语研究	米什科尔茨大学	本科	德语	米什科尔茨
48	德语研究	潘诺尼亚大学	本科	德语	维斯普勒姆
49	国际商务	布达佩斯考文纽斯大学	本科	英语	布达佩斯
50	国际商务管理	索诺克学院	本科	英语	索尔诺克
51	国际商务经济学	布达佩斯商学院	本科	英语	布达佩斯
52	国际商务管理	托莫里·帕尔学院	本科	英语	考洛乔
53	国际商务关系	国际商学院	本科	英语	布达佩斯
54	意大利语	罗兰大学	本科	意大利语	布达佩斯
55	意大利语研究	德布勒森大学	本科	英语	德布勒森
56	爵士乐器乐演奏与爵士乐演唱	科多兰依·雅诺斯学院	本科	英语	塞克什白堡
57	德国少数民族幼儿园教师	佩奇大学	本科	德语	佩奇

序号	学科专业	机构	学位	语言	城市
58	医学诊断实验室和成像分析员，诊断专业分析员	佩奇大学	本科	英语	佩奇
59	管理和工商管理	德布勒森大学	本科	英语	德布勒森
60	材料工程	米什科尔茨大学	本科	英语	米什科尔茨
61	数学	罗兰大学	本科	英语	布达佩斯
62	机械工程	布达佩斯技术与经济大学	本科	英语	布达佩斯
63	机械工程	圣伊斯特万大学	本科	英语	哥多洛
64	农业和食品工业中的机械工程	圣伊斯特万大学	本科	英语	哥多洛
65	机电工程	圣伊斯特万大学	本科	英语	哥多洛
66	医学实验室和诊断影像分析员计划	塞梅维斯大学	本科	英语	布达佩斯
67	现代语言文学研究	罗兰大学	本科	英语	布达佩斯
68	音乐	李斯特音乐学院	本科	英语	布达佩斯
69	护理和病人护理专业	佩奇大学	本科	英语	佩奇
70	护理和病人护理专业	佩奇大学	本科	德语	佩奇
71	护理和病人护理专业	塞梅维斯大学	本科	英语	布达佩斯
72	护理和病人护理、助产专业	佩奇大学	本科	德语	佩奇
73	护理和病人护理、心理治疗专业	佩奇大学	本科	英语	佩奇
74	音乐表演艺术	德布勒森大学	本科	英语	德布勒森
75	体育教育及训练	塞梅德斯大学	本科	英语	布达佩斯
76	物理治疗	德布勒森大学	本科	英语	德布勒森

续表

序号	学科专业	机构	学位	语言	城市
77	波兰研究	德布勒森大学	本科	英语	德布勒森
78	葡萄牙语	罗兰大学	本科	葡萄牙语	布达佩斯
79	心理学	罗兰大学	本科	英语	布达佩斯
80	公共卫生	德布勒森大学	本科	英语	德布勒森
81	俄语	罗兰大学	本科	俄语	布达佩斯
82	俄语研究	德布勒森大学	本科	英语	德布勒森
83	社会科学	罗兰大学	本科	英语	布达佩斯
84	社会学	布达佩斯考文纽斯大学	本科	英语	布达佩斯
85	软件工程	布达佩斯技术与经济大学	本科	英语	布达佩斯
86	软件工程	德布勒森大学	本科	英语	德布勒森
87	西班牙语	罗兰大学	本科	西班牙语	布达佩斯
88	系统工程	德布勒森大学	本科	英语	德布勒森
89	教授英语作为第二语言	罗兰大学	本科	英语	布达佩斯
90	旅游和餐饮	索尔诺克学院	本科	英语	索尔诺克
91	旅游及餐饮管理	布达佩斯商学院	本科	英语	布达佩斯
92	旅游及餐饮管理	布达佩斯商学院	本科	德语	布达佩斯
93	旅游与接待	科多兰依·雅诺斯学院	本科	英语	塞克什白堡
94	旅游管理	潘诺尼亚大学	本科	英语	维斯普勒姆
95	培训德国少数民族小学教师	佩奇大学	本科	德语	佩奇
96	交通运输工程	布达佩斯技术与经济大学	本科	英语	布达佩斯

序号	学科专业	机构	学位	语言	城市
97	旅游及旅游管理	国际商学院	本科	英语	布达佩斯
98	本科课程	布达佩斯技术与经济大学	本科	法语	布达佩斯
99	本科课程	布达佩斯技术与经济大学	本科	德语	布达佩斯
100	野生动物保护与管理	圣伊斯特万大学	本科	英语	哥多洛

（二）文学学士

序号	学科专业	机构	学位	语言	城市
1	英美研究	帕兹曼尼·彼得天主教大学	文学学士	英语	布达佩斯
2	德国研究学士	帕兹曼尼·彼得天主教大学	文学学士	德语	布达佩斯
3	浪漫语言学（法语研究）	帕兹曼尼·彼得天主教大学	文学学士	法语	布达佩斯

二、硕士

（一）理学硕士

序号	学科专业	机构	学位	语言	城市
1	应用数学	中欧大学	理学硕士	英语	布达佩斯
2	环境科学与政策	中欧大学	理学硕士	英语	布达佩斯
3	环境科学、政策与管理（MESPOM）	中欧大学	理学硕士	英语	布达佩斯

二、文学硕士

序号	学科专业	机构	学位	语言	城市
1	动画	莫霍利·纳吉艺术与设计大学	文学硕士	英语	布达佩斯
2	考古学	帕兹曼尼·彼得天主教大学	文学硕士	英语	布达佩斯
3	中欧历史	中欧大学	文学硕士	英语	布达佩斯
4	欧洲中部的研究	米什科尔茨大学	文学硕士	英语	米什科尔茨
5	比较历史：1500—2000中欧，东欧和东南欧	中欧大学	文学硕士	英语	布达佩斯
6	性别研究与评判	中欧大学	文学硕士	英语	布达佩斯
7	设计—车辆设计	莫霍利·纳吉艺术与设计大学	文学硕士	英语	布达佩斯
8	全球市场的经济政策	中欧大学	文学硕士	英语	布达佩斯
9	经济学	中欧大学	文学硕士	英语	布达佩斯
10	英语研究	帕兹曼尼·彼得天主教大学	文学硕士	英语	布达佩斯
11	法语语言、文学和文化	帕兹曼尼·彼得天主教大学	文学硕士	法语	布达佩斯
12	性别研究	中欧大学	文学硕士	英语	布达佩斯
13	德国语言、文学和文化	帕兹曼尼·彼得天主教大学	文学硕士	德语	布达佩斯
14	国际关系与欧洲研究	中欧大学	文学硕士	英语	布达佩斯

续表

序号	学科专业	机构	学位	语言	城市
15	意大利语言、文学和文化	帕兹曼尼·彼得天主教大学	文学硕士	意大利语	布达佩斯
16	法律和经济	中欧大学	文学硕士	英语	布达佩斯
17	中世纪的研究	中欧大学	文学硕士	英语	布达佩斯
18	民族主义研究	中欧大学	文学硕士	英语	布达佩斯
19	民族主义研究	中欧大学	文学硕士	英语	布达佩斯
20	哲学	中欧大学	文学硕士	英语	布达佩斯
21	哲学	中欧大学	文学硕士	英语	布达佩斯
22	摄影	莫霍利·纳吉艺术与设计大学	文学硕士	英语	布达佩斯
23	波兰语言、文学硕士	帕兹曼尼·彼得天主教大学	文学硕士	波兰语	布达佩斯
24	政治学	中欧大学	文学硕士	英语	布达佩斯
25	政治学	中欧大学	文学硕士	英语	布达佩斯
26	公共政策	中欧大学	文学硕士	英语	布达佩斯
27	公共政策	中欧大学	文学硕士	英语	布达佩斯
28	社会学和社会人类学	中欧大学	文学硕士	英语	布达佩斯
29	女性	中欧大学	文学硕士	英语	布达佩斯
30	女性	中欧大学	文学硕士	英语	布达佩斯

（三）法学硕士

序号	学科专业	机构	学位	语言	城市
1	比较宪法	中欧大学	法学硕士	英语	布达佩斯
2	国际商法	中欧大学	法学硕士	英语	布达佩斯
3	法律和经济	中欧大学	法学硕士	英语	布达佩斯

（四）人力资源文学硕士

序号	学科专业	机构	学位	语言	城市
1	人权	中欧大学	人力资源硕士	英语	布达佩斯

（五）人力资源硕士

序号	学科专业	机构	学位	语言	城市
1	人权	中欧大学	人力资源法学硕士	英语	布达佩斯

（六）硕士专业

	学科专业	机构	学位	语言	城市
1	农业生物技术	圣伊斯特万大学	硕士	英语	哥多洛
2	农业科学	圣伊斯特万大学	硕士	英语	哥多洛
3	农业科学	德布勒森大学	硕士	英语	德布勒森
4	农业	潘诺尼亚大学	硕士	英语	维斯普勒姆
5	动物营养和饲料安全	圣伊斯特万大学	硕士	英语	哥多洛
6	动物营养和饲料安全	卡波什瓦大学	硕士	英语	卡波什瓦

续表

	学科专业	机构	学位	语言	城市
7	动物科学	德布勒森大学	硕士	英语	德布勒森
8	应用管理	佩奇大学	硕士	英语	佩奇
9	应用数学	罗兰大学	硕士	英语	布达佩斯
10	水产养殖和渔业管理（专业）	德布勒森大学	硕士	英语	德布勒森
11	建筑与建筑工程	布达佩斯技术与经济大学	硕士	英语	布达佩斯
12	生物学	罗兰大学	硕士	英语	布达佩斯
13	工商管理	布达佩斯考文纽斯大学	硕士	英语	布达佩斯
14	工商管理	德布勒森大学	硕士	英语	德布勒森
15	工商管理	德布勒森大学	硕士	英语	德布勒森
16	商业信息系统	布达佩斯科维努斯大学	硕士	英语	布达佩斯
17	中欧历史	安德拉什·久洛大学	硕士	德语	布达佩斯
18	中欧历史	安德拉什·久洛大学	硕士	德语	布达佩斯
19	化学工程	布达佩斯技术与经济大学	硕士	英语	布达佩斯
20	化学	罗兰大学	硕士	英语	布达佩斯
21	化学	德布勒森大学	硕士	英语	德布勒森

	学科专业	机构	学位	语言	城市
22	土木工程	布达佩斯技术与经济大学	硕士	英语	布达佩斯
23	比较法	安德拉什·久洛大学	硕士	德语	布达佩斯
24	计算机科学	罗兰大学	硕士	英语	布达佩斯
25	计算机科学与信息技术	德布勒森大学	硕士	英语	德布勒森
26	计算机科学工程	帕兹曼尼·彼得天主教大学	硕士	英语	布达佩斯
27	作物生产	圣伊斯特万大学	硕士	英语	哥多洛
28	牙科	塞梅维斯大学	硕士	英语	布达佩斯
29	牙科	塞梅维斯大学	硕士	德语	布达佩斯
30	牙科	德布勒森大学	硕士	英语	德布勒森
31	牙科	佩奇大学	硕士	英语	佩奇
32	牙科	佩奇大学	硕士	德语	佩奇
33	牙科	赛格德大学	硕士	英语	塞格德
34	地球科学工程	米什科尔茨大学	硕士	英语	米什科尔茨
35	经济学	潘诺尼亚大学	硕士	英语	维斯普勒姆
36	电气工程	布达佩斯技术与经济大学	硕士	英语	布达佩斯
37	工程教师	多瑙新城大学	硕士	英语	多瑙新城

续表

	学科专业	机构	学位	语言	城市
38	英美研究	罗兰大学	硕士	英语	布达佩斯
39	英美研究	潘诺尼亚大学	硕士	英语	维斯普勒姆
40	英语研究	德布勒森大学	硕士	英语	德布勒森
41	英语研究	佩奇大学	硕士	英语	佩奇
42	环境工程	潘诺尼亚大学	硕士	英语	维斯普勒姆
43	环境管理	德布勒森大学	硕士	英语	德布勒森
44	环境科学	潘诺尼亚大学	硕士	英语	维斯普勒姆
45	欧洲和国际管理	安德拉什·久洛大学	硕士	德语	布达佩斯
46	财务管理	国际商学院	硕士	英语	布达佩斯
47	食品安全和质量	德布勒森大学	硕士	英语	德布勒森
48	全科医学	塞梅维斯大学	硕士	英语	布达佩斯
49	全科医学	塞梅维斯大学	硕士	德语	布达佩斯
50	全科医学	德布勒森大学	硕士	英语	德布勒森
51	全科医学	佩奇大学	硕士	英语	佩奇
52	全科医学	佩奇大学	硕士	德语	佩奇
53	普通护理	佩奇大学	硕士	英语	佩奇
54	地质学	罗兰大学	硕士	英语	布达佩斯
55	岩土与环境工程	米什科尔茨大学	硕士	英语	米什科尔茨

	学科专业	机构	学位	语言	城市
56	德语作为少数民族语言和文学	佩奇大学	硕士	德语	佩奇
57	德语、文学和文化	潘诺尼亚大学	硕士	德语	维斯普勒姆
58	德国文学	佩奇大学	硕士	德语	佩奇
59	历史研究	罗兰大学	硕士	英语	布达佩斯
60	历史研究	罗兰大学	硕士	法语	布达佩斯
61	历史研究	罗兰大学	硕士	德语	布达佩斯
62	历史研究	罗兰大学	硕士	俄语	布达佩斯
63	园艺学	布达佩斯考文纽斯大学	硕士	英语	布达佩斯
64	人力资源管理	国际商学院	硕士	英语	布达佩斯
65	信息仿生工程	帕兹曼尼·彼得天主教大学	硕士	英语	布达佩斯
66	信息学	布达佩斯技术与经济大学	硕士	英语	布达佩斯
67	国际商务	国际商学院	硕士	英语	布达佩斯
68	国际经贸与商务	安德拉什·久洛大学	硕士	德语	布达佩斯
69	国际经贸与商务	布达佩斯科维努斯大学	硕士	英语	布达佩斯
70	国际经贸与商务	圣伊斯特万大学	硕士	英语	哥多洛

	学科专业	机构	学位	语言	城市
71	国际关系	安德拉什·久洛大学	硕士	德语	布达佩斯
72	国际关系	布达佩斯考文纽斯大学	硕士	英语	布达佩斯
73	法律	赛格德大学	硕士	法语	塞格德
74	法律	赛格德大学	硕士	德语	塞格德
75	法律（德意志和欧洲经济法）	赛格德大学	硕士	德语	塞格德
76	管理和领导	圣伊斯特万大学	硕士	英语	哥多洛
77	市场营销	布达佩斯科维努斯大学	硕士	英语	布达佩斯
78	市场营销	圣伊斯特万大学	硕士	英语	哥多洛
79	营销管理	国际商学院	硕士	英语	布达佩斯
80	材料工程	米什科尔茨大学	硕士	英语	米什科尔茨
81	数学	罗兰大学	硕士	英语	布达佩斯
82	机械工程	布达佩斯技术与经济大学	硕士	英语	布达佩斯
83	机械工程	圣伊斯特万大学	硕士	英语	哥多洛
84	医学	赛格德大学	硕士	英语	塞格德
85	冶金工程	米什科尔茨大学	硕士	英语	米什科尔茨
86	现代语言文学研究	罗兰大学	硕士	英语	布达佩斯

	学科专业	机构	学位	语言	城市
87	音乐	李斯特音乐学院	硕士	英语	布达佩斯
88	北美研究	德布勒森大学	硕士	英语	德布勒森
89	药学	塞梅维斯大学	硕士	英语	布达佩斯
90	药学	德布勒森大学	硕士	英语	德布勒森
91	药学	佩奇大学	硕士	英语	佩奇
92	药学	赛格德大学	硕士	英语	塞格德
93	物理学	罗兰大学	硕士	英语	布达佩斯
94	植物保护	潘诺尼亚大学	硕士	英语	维斯普勒姆
95	心理学	罗兰大学	硕士	英语	布达佩斯
96	心理学	佩奇大学	硕士	英语	佩奇
97	公共卫生	德布勒森大学	硕士	英语	德布勒森
98	公共政策与管理	布达佩斯考文纽斯大学	硕士	英语	布达佩斯
99	区域与环境经济学	圣伊斯特万大学	硕士	英语	哥多洛
100	农村发展和农业经营	圣伊斯特万大学	硕士	英语	哥多洛
101	翻译与口译	潘诺尼亚大学	硕士	匈牙利语（必须使用）和两种外语：英语、法语、德语或意大利语	维斯普勒姆

	学科专业	机构	学位	语言	城市
102	交通运输工程	布达佩斯技术与经济大学	硕士	英语	布达佩斯
103	兽医科学	圣伊斯特万大学	硕士	英语	布达佩斯
104	兽医科学	圣伊斯特万大学	硕士	德语	布达佩斯
105	野生动物保护与管理	圣伊斯特万大学	硕士	英语	哥多洛
106	木材工艺	西匈牙利大学	硕士	英语	肖普朗

三、博士

（一）哲学博士

序号	学科专业	机构	学位	语言	城市
1	农业工程	圣伊斯特万大学	哲学博士学位	英语	哥多洛
2	古代研究	罗兰大学	哲学博士学位	英语	布达佩斯
3	动物科学	卡波什瓦大学	哲学博士学位	英语	卡波什瓦
4	动物科学	圣伊斯特万大学	哲学博士学位	英语	哥多洛
5	应用数学	罗兰大学	哲学博士学位	英语	布达佩斯
6	考古学	罗兰大学	哲学博士学位	英语	布达佩斯
7	生物科学	圣伊斯特万大学	哲学博士学位	英语	哥多洛
8	生物学	罗兰大学	哲学博士学位	英语	布达佩斯
9	生物学	佩奇大学	哲学博士学位	英语	佩奇

序号	学科专业	机构	学位	语言	城市
10	生物环境科学	德布勒森大学	哲学博士学位	英语	德布勒森
11	商业管理	佩奇大学	哲学博士学位	英语	佩奇
12	化学	罗兰大学	哲学博士学位	英语	布达佩斯
13	化学	德布勒森大学	哲学博士学位	英语	德布勒森
14	化学	佩奇大学	哲学博士学位	英语	佩奇
15	认知科学	中欧大学	哲学博士学位	英语	布达佩斯
16	沟通	罗兰大学	哲学博士学位	英语	布达佩斯
17	比较性别研究	中欧大学	哲学博士学位	英语	布达佩斯
18	中欧、东南欧和东欧比较史	中欧大学	哲学博士学位	英语	布达佩斯
19	比较文学	罗兰大学	哲学博士学位	英语	布达佩斯
20	计算机科学	罗兰大学	哲学博士学位	英语	布达佩斯
21	企业科学	圣伊斯特万大学	哲学博士学位	英语	哥多洛
22	地球科学	德布勒森大学	哲学博士学位	英语	德布勒森
23	地球科学	米什科尔茨大学	哲学博士学位	英语	米什科尔茨
24	地球科学	佩奇大学	哲学博士学位	英语	佩奇
25	经济学	中欧大学	哲学博士学位	英语	布达佩斯
26	英美研究	罗兰大学	哲学博士学位	英语	布达佩斯

序号	学科专业	机构	学位	语言	城市
27	英美研究	德布勒森大学	哲学博士学位	英语	德布勒森
28	英语应用语言学和 TEFL/TESOL	佩奇大学	哲学博士学位	英语	佩奇
29	环境科学	圣伊斯特万大学	哲学博士学位	英语	哥多洛
30	环境科学与政策	中欧大学	哲学博士学位	英语	布达佩斯
31	民族学	罗兰大学	哲学博士学位	英语	布达佩斯
32	食品科学	布达佩斯考文纽斯大学	哲学博士学位	英语	布达佩斯
33	地质学	罗兰大学	哲学博士学位	英语	布达佩斯
34	艺术史	罗兰大学	哲学博士学位	英语	布达佩斯
35	历史研究	罗兰大学	哲学博士学位	英语	布达佩斯
36	园艺科学	布达佩斯科维努斯大学	哲学博士学位	英语	布达佩斯
37	匈牙利语言文学	罗兰大学	哲学博士学位	英语	布达佩斯
38	信息学	德布勒森大学	哲学博士学位	英语	德布勒森
39	信息科学与技术	米什科尔茨大学	哲学博士学位	英语	米什科尔茨
40	跨学科社会科学	罗兰大学	哲学博士学位	英语	布达佩斯
41	政治、法律和历史的跨学科研究	安德拉什·久洛大学	哲学博士学位	德语	布达佩斯

序号	学科专业	机构	学位	语言	城市
42	景观建筑与环境建模	布达佩斯考文纽斯大学	哲学博士学位	英语	布达佩斯
43	法律（只限个别修读）	米什科尔茨大学	哲学博士学位	英语	米什科尔茨
44	语言与文学研究	罗兰大学	哲学博士学位	英语	布达佩斯
45	管理及工商管理	布达佩斯科维努斯大学	哲学博士学位	英语	布达佩斯
46	管理及工商管理	圣伊斯特万大学	哲学博士学位	英语	哥多洛
47	管理及工商管理	西匈牙利大学	哲学博士学位	英语	肖普朗
48	管理及工商管理	西匈牙利大学	哲学博士学位	德语	肖普朗
49	管理及工商管理	西匈牙利大学	哲学博士学位	德语	肖普朗
50	管理与区域科学	卡波什瓦大学	哲学博士学位	英语	卡波什瓦
51	材料科学与技术	米什科尔茨大学	哲学博士学位	英语	米什科尔茨
52	数学	罗兰大学	哲学博士学位	英语	布达佩斯
53	数学与计算机科学	德布勒森大学	哲学博士学位	英语	德布勒森
54	数学及其应用	中欧大学	哲学博士学位	英语	布达佩斯
55	机械工程	米什科尔茨大学	哲学博士学位	英语	米什科尔茨
56	医学	塞梅维斯大学	哲学博士学位	英语	布达佩斯
57	医学	德布勒森大学	哲学博士学位	英语	德布勒森

续表

序号	学科专业	机构	学位	语言	城市
58	医学	塞格德大学	哲学博士学位	英语	塞格德
59	中世纪的研究	中欧大学	哲学博士学位	英语	布达佩斯
60	东方研究	罗兰大学	哲学博士学位	英语	布达佩斯
61	药学	塞格德大学	哲学博士学位	英语	塞格德
62	历史博士学位	帕兹曼尼·彼得天主教大学	哲学博士学位	英语	布达佩斯
63	哲学	中欧大学	哲学博士学位	英语	布达佩斯
64	哲学	罗兰大学	哲学博士学位	英语	布达佩斯
65	物理学	罗兰大学	哲学博士学位	英语	布达佩斯
66	物理学	德布勒森大学	哲学博士学位	英语	德布勒森
67	物理学	佩奇大学	哲学博士学位	英语	佩奇
68	政治学	中欧大学	哲学博士学位	英语	布达佩斯
69	学院提供的所有专业的研究生课程	布达佩斯技术与经济大学	哲学博士学位	英语	布达佩斯
70	心理学	罗兰大学	哲学博士学位	英语	布达佩斯
71	浪漫主义	罗兰大学	哲学博士学位	英语	布达佩斯
72	斯拉夫语	罗兰大学	哲学博士学位	英语	布达佩斯
73	社会政治	罗兰大学	哲学博士学位	英语	布达佩斯
74	社会学	罗兰大学	哲学博士学位	英语	布达佩斯
75	社会学与社会人类学	中欧大学	哲学博士学位	英语	布达佩斯
76	兽医学	圣伊斯特万大学	哲学博士学位	英语	哥多洛

资料来源：网络，更新于 2020 年 7 月 1 日。

附录 4 匈牙利校长会议

匈牙利校长会议（Hungarian Rectors Conference，简称 HRC）是代表整个匈牙利高等教育机构系统的机构。其成员是大学和学院的校长。匈牙利高等教育体系非常多样化，因为它包括国家、教会、私立和基金会高等教育机构，HRC 作为公共公司在匈牙利国内和国外都代表了这些机构。根据法律，HRC是一个具有特殊法律地位的公益组织，负责履行《高等教育法》中规定的与其成员及其成员的活动和职责有关的公共职责。HRC 是一家独立的公共公司，有权代表高等教育机构并保护其利益。HRC 可就与高等教育系统运作相关的任何问题发表意见，并可向决策者或负责准备决策的人提出建议。章程包括运行规则和人权委员会的四级组织体系。人权理事会的最高决策机构是全体会议，包括匈牙利高等教育机构的所有校长。大学和学院由特定的大学部和学院部代表。由 11 名成员组成的主席团履行运营决策和执行职责。特殊的专业问题由18 个具有决策准备权的委员会讨论。HRC 的机构得到以秘书长为首的秘书处的支持。HRC 可用的方法由《高等教育法》和其他法律法规规定。利益代表主要可以通过 HRC 在高等教育监管的最重要问题上的同意权来行使。法律规定还提供了另一种利益代表方式，允许人权委员会委派的代表参与其他高等教育机构和组织的活动。HRC 代表匈牙利高等教育认证委员会、高等教育和科学委员会、匈牙利奖学金委员会、语言考试认证委员会以及活跃在高等教育领域的其他组织的成员和研究员。HRC 是欧洲大学协会和国际大学协会的成员。

主席：伊娃·克里斯特·桑多内（Eva Crist Santone）博士，布达佩斯商学院校长。

联席总裁：蒂瓦达尔·图拉赛（Tivadar Tulasai）博士，塞梅维斯大学校长。

名誉主席：加博尔·萨博（Gabor Szabo）博士，塞格德大学校长

秘书长：佐尔坦·杜贝齐（Zoltan Dubezi）博士

匈牙利校长会议的部门

大学部主席：加博尔·佩切利（Gabor Pecelli）博士，布达佩斯科技经济大学。

学院部主任：佐尔坦·豪瑟（Zoltan Houser）博士，埃斯特尔哈兹学院。

匈牙利校长会议主席

伊娃·克里斯特·桑多内博士，布达佩斯商学院。

蒂瓦达尔·图拉赛博士，塞梅维斯大学。

加博尔·萨博博士，塞格德大学。

蒂博尔·阿尔马西（Tibor Almasi）博士，浸信会神学院。

安德拉斯·巴塔（Andras Bata）博士，李斯特音乐学院（大学）。

约瑟夫·拜耳（Joseph Bayer）博士，西吉斯蒙德国王学院。

乔治·福多（George Fodo）博士，帕兹曼尼彼得天主教大学。

佐尔坦·豪瑟博士，埃斯特尔哈兹学院。

桑多·玛格达（Santone Magda）博士，卡罗里罗伯特学院。

加博尔·佩切利博士，布达佩斯科技经济大学。

拉兹洛·索尔蒂（Lazlo Salti）博士，圣伊斯特万大学。

附录5 匈牙利高等学校（大学及学院）信息

1. 布达佩斯商学院

课程和学位的类型：本科学位、硕士学位、专科学位（传统）、硕士学位进一步专门化、高等职业培训、成人培训与教育。

学院、研究所：商学院、餐饮和旅游学院、国际管理和商业学院、金融和会计学院（后者在扎勒格尔斯泽格有一个机构，在萨尔戈塔里安有一个机构）。布达佩斯商学院致力于成为匈牙利和中欧地区领先的高等教育机构，其使命是培养学生在完成学业后，将具有广泛的商业理论和实践知识。其毕业生将能够胜任企业、地方和政府管理的职位。

科研教学及影响：从事科学研究的教授和教学队伍由各自领域的高素质专家组成，与各地商业组织和专业团体有着广泛的联系，并与国外多所大学和专业组织建立了合作关系。以布达佩斯商学院为合作伙伴的大量国内外研究和教材开发项目证明了这一点。布达佩斯商学院还积极参加伊拉斯谟的人员流动计划。

电话：+36 1 469-6600

邮箱：bgf@ bgf. hu

网页：www. bgf. hu

学校负责人：伊娃·克里斯特·桑多内（Eva Crist Santone）博士

创建年代：2000

所有性质：公立大学

2. 欧布达大学

课程和学位的类型：本科学位、硕士学位、专科学位（传统）、硕士学位进一步专门化、高等职业培训、成人培训与教育。

学院、研究所：坎多卡尔曼电气工程学院、卡罗利·凯莱蒂经济学院、约翰·冯·诺伊曼信息学学院、特雷福特·阿戈斯顿工程教育中心。

博士项目：应用信息学博士学院

简介：作为成立于2010年1月1日的布达佩斯理工大学的合法继承者，欧布达大学的政策建立在滋养传统和追求以发展为导向的议程上。该大学已实施ISO9001：2008质量管理标准，作为高等教育的主要参与者，它提供有竞争力的优质服务。这所大学获得了高等教育质量奖，以知识转移、现代化和创新为使命。

科学研究、国际关系、项目：研究、开发和创新是本大学最重要的三个基石。校园内的研究活动范围很广，如同行评审的基础研究、欧洲和国家研究项目以及面向行业的发展和创新，还有"交通信息学和远程信息处理大学知识中心"和"机器人技术"。

电话：+36 1 666-5603

邮箱：kancellar@ uni-obuda. hu

网页：www. uni-obuda. hu

学校负责人：鲁达斯（Rudas）教授，校长

创建年代：1879

所有性质：公立大学

3. 布达佩斯技术与经济大学

课程和学位的类型：本科学位、硕士学位、专科学位（传统）、大学学位（传统）、博士/DLA项目、硕士学位进一步专门化、高等职业培训、成人培训和教育。

学院、研究所：土木工程、机械工程、建筑、化学工程与生物工程、电气工程与信息学、交通工程、自然科学、经济和社会科学。

博士项目：土木工程与地球科学、机械工程科学、建筑科学（DLA）、化学与化学工程、电气工程、计算机科学与工程、运输工程、车辆与移动机械、数学与计算科学、物理、管理、经济与组织、哲学与科学史、社会科学、心理学。

科学研究、国际关系、项目：布达佩斯技术与经济大学以其超过225年的

卓越工程教育传统而自豪。它已发展成匈牙利最大的高等教育机构，也是中欧最重要的研究中心。它在"欧盟 6. R+D 框架计划"中的结果证明，布达佩斯技术与经济大学实际上是框架计划中最成功的参与者，不仅在匈牙利，而且在10 个新成员国参与者中也是如此。该大学认为科学和应用研究与开发不仅对其教育活动而且对经济和社会发展同等重要。布达佩斯技术与经济大学拥有 7 个知识中心，是欧洲和全球最受尊敬的高等教育和工程社区的成员。

电话：+36 1 463-1111

邮箱：info@ mail. bme. hu

网页：www. bme. hu

学校负责人：加博尔·佩切利（Gabor Pecelli）教授，校长

创建年代：1782

所有性质：公立大学

4. 布达佩斯考文纽斯大学

课程和学位的类型：本科学位、硕士学位、专科学位（传统）、大学学位（传统）、博士项目、硕士学位进一步专门化、高等职业培训、成人培训和教育。

学院、研究所：食品学院、工商管理学院、园艺学院、经济学院、公共管理学院、景观学院、社会科学学院。

博士项目：食品科学博士学院、生产与园艺科学博士学院、景观建筑与决策支持系统博士学院、政治博士学院、管理与工商管理博士学院、经济学博士学院、社会学博士学院、国际关系学博士学院、商业信息技术博士学院。

科学研究、国际关系、项目：布达佩斯考文纽斯大学是匈牙利领先的大学之一。该大学的学位课程和院系在匈牙利最受欢迎。其中管理课程在《金融时报》前 50 名排名中。该大学于 2010 年被授予"高等教育质量和卓越大学"称号。它在匈牙利私营部门拥有广泛的合作伙伴关系，这些合作伙伴赞助的教授制度是独一无二的。该大学是国际化进程中的领先者，拥有广泛的国际合作伙伴网络。

电话：+36 1 482-5000

邮箱：www.uni-corvinus.hu

学校负责人：塔马斯·梅萨罗斯（Tamas Mesaro）教授，校长

创建年代：1853

所有性质：公立大学

5. 罗兰大学

课程和学位的类型：本科学位、硕士学位、专科学位（传统）、大学学位（传统）、博士项目、硕士学位进一步专门化、高等职业培训、成人培训和教育。

学院、研究所：法学院、人文学院、信息学院、教育与心理学学院、中小学教师培训学院、社会科学学院、理学院。

博士项目：生物博士学院、化学博士学院、计算机科学博士学院、地球科学博士学院、教育博士学院、环境科学博士学院、历史博士学院、艺术史博士学院、法学博士学院、博士语言学院、文学博士学院、数学博士学院、哲学博士学院、政治学博士学院、心理学博士学院、物理博士学院、社会学与社会政策学院。

研究、项目："新匈牙利发展计划框架"内的4个成功项目；学校已获得24项FP7项目授权，5项许可协议，参与3项国际（PCT）专利申请和6项国家专利申请，人类生物技术与生物技术合作研究中心，移动通信研究开发中心与创新中心，区域知识中心。

国际关系：与298所合作大学的"伊拉斯谟计划"，与81所大学签订双边协议，加入8个国际网络。

6. 帕兹曼尼·彼得天主教大学

课程和学位的类型：本科学位、硕士学位、专科学位（传统）、大学学位（传统）、博士项目、硕士学位进一步专门化、高等职业培训、成人培训和教育。

学院、研究所：神学院、人文学院、法学院、信息技术学院、"维特斯·亚诺斯"教育学院。

博士项目：天主教神学博士学院、文学博士学院、语言学博士学院、历史博士学院、法学与政治学博士学院、跨学科技术博士学院。

研究、国际关系、项目：该大学与剑桥大学、旧金山大学和米兰天主教大学合作实施其课程。它最重要的知识中心是"杰德利克·安约斯实验室"，主要方向是处理信息技术和仿生学。该实验室是国际研究型大学网络（IRUN）和圣塔哥泰研究中心。大学的每个博士学院都进行了国际维度的研究。

电话：+36 1 411-6500

邮箱：rektor@ ludens. elte. hu

网页：www. elte. hu

学校负责人：布朗·梅泽（Brown Meze）教授，校长

创建年代：1635

所有性质：公立大学

7. 塞梅维斯大学

课程和学位的类型：本科学位、硕士学位、专科学位（传统）、大学学位（传统）、博士项目、硕士学位进一步专门化、高等职业培训、成人培训和教育。

学院、研究所：医学院、牙科学院、药学院、健康科学学院、体育与运动科学学院。

博士项目：博士研究学院的博士课程有基础医学、临床医学、药学、心理健康科学、运动科学、神经科学、分子医学、病理科学。

科学研究、国际关系、项目：塞梅维斯大学跻身匈牙利最负盛名的研究机构之列。80个大学院系参与以下领域的研发活动：神经科学、肿瘤学、分子遗传学、分子免疫学、细胞和分子生理学、分子病理学、儿科学、肾脏病学、胃肠病学和内分泌学。该大学与从美国到欧洲再到日本的100多所国外高等教育机构保持着广泛的联系。

8. 圣伊斯特万大学

课程和学位的类型：本科学位、硕士学位、专科学位（传统）、大学学位

（传统）、博士项目、硕士学位进一步专门化、高等职业培训、成人培训和教育。

学院、研究所：兽医科学、应用艺术、商业管理、经济学和社会科学、机械工程、农业和环境科学、建筑与土木工程、教育学、水与环境管理、健康科学与环境健康研究所。

博士项目：畜牧博士学院、生物科学博士学院、作物科学博士学院、机械工程博士学院、环境科学博士学院、管理和工商管理博士学院、兽医学博士学院。

科学研究、国际关系、项目：区域环境产业大学科学中心；"奥科波莱计划"；研究项目在 OTKA、Inco-Copernicus、EU 等框架内；Erasmus（"伊拉斯谟计划"）和 Ceepus（中东欧大学交换项目）项目；与 48 家外国机构签订双边和多边合作协议；国际组织成员（EUA、ICA、DRC、ACRU、EAEVE、VetNest 等）。

电话：+36 1 459-1500/5228

邮箱：rekhiv@ rekhiv. sote. hu

网页：www. semmelweis-englishprogram. org

学校负责人：蒂瓦达尔·图拉赛（Tivadar Turai）教授，校长

创建年代：1769

所有性质：公立大学

9. 阿波尔维尔莫斯天主教学院

课程和学位的类型：本科学位、硕士学位、专科学位（传统）、硕士学位进一步专门化、高等职业培训、成人培训与教育。

学院提供三个主要领域的课程：

教育：小学教师培训、幼儿园教师培训、青少年关爱。

人文学科：托儿所和早期教育与护理、社会教育学。

宗教研究：牧师的协助和宗教教师的培训。

少数民族研究是最重要的。由于卓有成效的国际关系，学生可以申请在其他欧盟成员国进行兼职学习计划。发展研讨会涉及现代课程工具和学习材料的

开发、教育评估与评价，以及环境意识问题。

电话：+36 27 511-154

邮箱：avkf@ avkf. hu

网页：www. avkf. hu

学校负责人：帕尔·巴拉兹（Pal Baraz）博士，校长

创建年代：1929

所有性质：私立大学

10. 布达佩斯传播与商业学院

课程和学位的类型：本科学位、硕士学位、硕士学位进一步专门化、高等职业培训、成人培训与教育。

简介：除了现有的专注于媒体研究的社会科学课程外，培训课程清单将包括 2009/2010 学年经济研究领域内的本科和硕士水平的旅游和餐饮课程。学院还将通过开设补充艺术课程来扩大其活动范围，以加强交流。那些对进一步专业培训感兴趣的人可以在上述领域内获得近 20 门研究生专业课程。

电话：+36 1 273-3090

邮箱：mail@ bkf. hu

网页：www. bkf. hu

学校负责人：拉斯洛·瓦斯（Laslow Gas）博士，校长

创建年代：2000

所有性质：私立大学

11. 布达佩斯管理学院

课程和学位的类型：本科学位、硕士学位、专科学位（传统）、硕士学位进一步专门化、高等职业培训、成人培训与教育。

简介：由于社会和商业环境的变化以及对高素质的商业和企业专家的需求增加，有必要设立公共利益研究所。该机构以培训企业、公务员为主、拥有最新专业知识和 IT 知识，精通外语，具备沟通和创业技能的公关经理和国际事务专家为目标。

电话：+36 1 381-8110

邮箱：avf@ avf. hu

网页：www. avf. hu

学校负责人：帕尔·瓦斯塔格（Pal Vastagh）博士，校长

创建年代：1996

所有性质：私立大学

12. 丹尼斯加博应用大学

课程和学位的类型：本科学位、硕士学位、专科学位（传统）、硕士学位进一步专门化、高等职业培训、成人培训与教育。

简介：丹尼斯加博学院为准备成功进入 ICT 和经济学领域的学生提供最新的知识和能力。这种教育形式结合了传统教育和网络学习的优点。这种灵活的框架确保其获得市场知识的可能性，甚至除了工作。学校免费为所有学生提供完整的教材和方便学习的服务。高等教育正通过其著名的 IT 服务合作伙伴进行组织。

电话：+36 1 203-0283

邮箱：info@ gdf. hu

网页：www. gdf. hu

学校负责人：萨罗塔·扎尔达（Sarota Zalda）博士，校长

创建年代：1992

所有性质：私立大学

13. 亚诺斯哈萨尼学院

课程和学位的类型：本科学位、高等职业培训、成人培训与教育。

简介：在亚诺斯哈萨尼学院，学生可以作为国家资助和自给自足的全日制学生学习艺术和经济学等学科。

项目：商业和管理学士、旅游和餐饮学士、工艺学士、电子艺术设计学士、环境文化学士、学术专业学位。

电话：+36 1 883-6437

邮箱：kiss. istvan@ hjf. hu

网页：www. hjf. hu

学校负责人：伊斯特凡·基斯（Eastfan Keith）教授，校长

创建年代：2003

所有性质：私立大学

14. 匈牙利美术大学

课程和学位的类型：本科学位、硕士学位、大学学位（传统），博士/DLA 项目。

简介：匈牙利美术大学是匈牙利唯一一所为学生提供所有美术领域培训的高等教育机构。在绘画、雕塑、平面艺术、跨媒体、保护等课程中有一个为期 5 年的独立硕士课程，以及一个为期 3 年的场景学和艺术理论学士学位课程（截至 2009 年秋季）。除了培训视觉艺术家，大学还提供视觉教育教师培训计划。

电话：+36 1 342-1738

邮箱：rektor@ mke. hu

网页：www. mke. hu

学校负责人：弗里·杰什（Fried Rich）教授，校长

创建年代：1871

所有性质：公立大学

15. 匈牙利舞蹈学院

课程和学位的类型：本科学位、硕士学位、专科学位（传统）。

简介：匈牙利舞蹈学院的主要艺术和专业目标是培养训练有素且受过良好教育的独舞者、群众演员、古典芭蕾艺术家、民间舞者、戏剧舞者、现代舞者，以及舞蹈教育家、舞蹈理论家和编舞家。为了实现这些目标和任务，学院需要同时拥有经验的工作人员、精心设计的教育材料和培训方法。

电话：+36 1 273-3434

邮箱：titkarsag@ mtf. hu

网页：www. mtf. hu

学校负责人：玛丽亚·佐兰迪·贾卡布（Maria Zolandi Jakab）博士，校长

创建年代：1950

所有性质：公立大学

16. 约翰卫斯理神学院

课程和学位的类型：本科学位、硕士学位、硕士学位进一步专门化、成人培训与教育。

简介：学院教育和指导牧师、神学教师、社会工作者和教育专家，他们热爱人民，热爱他们的信仰，并尊重维持教会的价值观。学院自 1996 年起成为自由卫理公会教育机构协会（AFMEI）的准会员，该协会拥有多所美国大学和学院为会员。2003 年，该机构被基督教学院和大学理事会（CCCU）接纳。

电话：+36 1 577-0500

邮箱：wjlf@ mail. datanet. hu

网页：www. wesley. hu

学校负责人：加博尔·伊万尼（Gabor Ivani）教授，校长

创建年代：1987

所有性质：私立大学

17. 匈牙利卡罗利加斯帕改革宗教会大学

课程和学位的类型：本科学位、硕士学位、博士项目、硕士学位进一步专门化、高等职业培训、成人培训与教育。

简介：卡罗利加斯帕大学的法定前身是布达佩斯改革宗神学院，成立于 1855 年，1900 年被匈牙利议会授予大学地位。1993 年匈牙利改革宗教会大会决定建立一所院系广泛的大学（神学、人文、法律和国家科学、教师培训）。通过创建卡罗利加斯帕大学，匈牙利归正教会实现了其祖先的目标。本着大学科学学院的精神，该机构旨在通过教育、教学和学术工作，不仅提高教会的地位，还提高国家的地位。

电话：+36 1 455-90-60

邮箱：rektori. hivatal@ kre. hu

网页：www. kre. hu

学校负责人：彼得·巴拉（Peter Barra）教授，代理校长

创建年代：1855

所有性质：私立大学

18. 西吉斯蒙德国王学院

课程和学位的类型：本科学位、硕士学位、专科学位（传统）。

简介：奥布达西吉斯蒙德国王学院成立于 2000 年，从 2009 年 9 月起开始提供经济、艺术和人文等各个研究领域的 10 个 BA（商业分析硕士）课程、4 个 MA（文学硕士）课程和 10 个研究生专业非学位课程。该学院还作为布达佩斯技术与经济大学认可的语言考试地点运营。拥有学位的教职员工人数众多。为了不断提高教学质量和促进学校发展，西吉斯蒙德国王学院已获得 ISO 9001：2000 资格。

电话：+36 1 454-7600

邮箱：mail@ zskf. hu

网页：www. zskf. hu

学校负责人：约瑟夫·拜耳（Joseph Bayer）教授，校长

创建年代：2000

所有性质：私立大学

19. 李斯特音乐学院（大学）

课程和学位的类型：本科学位、硕士学位、专科学位（传统）、大学学位（传统）、博士学位、DLA、硕士学位进一步专门化、成人培训和教育。

简介：弗朗茨·李斯特音乐学院正在为学生提供古典音乐、教堂音乐、民族音乐和爵士音乐、音乐学和音乐史方面的培训。由于李斯特学院采用博洛尼亚体系，培养分为学士、硕士和博士三个层次。学院一直以达到其创始人和尊敬的教授设定的标准而自豪，这为学生提供了一个在优秀教授的指导下，特殊而苛刻的匈牙利教学方式。指导他们的教授是著名的表演艺术家、学者、其他

著名大学的客座教授和评委、国际比赛的评委，并且对这些教授来说，教学是一种激情。

电话：+36 1 462-4600

邮箱：president@ lisztacademy. hu

网页：www. lisztacademy. hu

学校负责人：安德拉斯·巴塔（Anderas Bata）博士，校长

创建年代：1875

所有性质：公立大学

20. 莫霍里—纳吉艺术设计大学

课程和学位的类型：本科学位、硕士学位、大学学位（传统）、博士项目、DLA、硕士学位进一步专门化、高等职业培训、成人培训和教育。

简介：莫霍里大学致力于培养设计师、建筑师和视觉传达设计师。其目的是教有才华的学生学会控制并从他们的技能中受益，并尽一切努力培养能够在专业领域面临挑战的创造性人才。除了培养艺术家，大学还通过培养绘画教师促进视觉文化的兴起。艺术经理课程提供了经济和艺术之间的联系。莫霍里大学负责其研究生、主题 DLA 和博士课程以及其他研究生课程的精英培训工作。

电话：+36 1 392-1180

邮箱：kancellaria@ mome. hu

网页：www. mome. hu

学校负责人：加博尔·科佩克教授，校长

创建年代：1881

所有性质：公立大学

21. 警察学院

课程和学位的类型：本科学位、硕士学位、硕士学位进一步专门化、高等职业培训。

简介：学院提供以下专业的学士学位培训：刑事管理和执法管理的全日制和函授培训项目。

刑事管理专业的专业方向为：刑事侦查、经济犯罪侦查和金融侦查。

执法管理专业的专业方向有：私人保安、惩教服务、边境警务、行政警务、灾害管理、交通警务、公共秩序和海关管理。MA（文学硕士）培训课程的专业是执法经理。

电话：+36 1 392-3501

邮箱：rektor@ rtf. hu

网页：www. rtf. hu

学校负责人：伊斯特万·萨卡尼（Eastvan Saakani）博士，校长

创建年代：1971

所有性质：公立大学

22. 戏剧电影大学

课程和学位的类型：本科学位、硕士学位、专科学位（传统）、大学学位（传统）、DLA、硕士学位进一步专门化、成人培训和教育。

简介：戏剧电影大学的使命是培养不同领域的有才华的艺术家和相关艺术专业人士接受良好的教育，并在戏剧、剧院、电影、电视和广播方面获得成熟的专业知识，并为他们提供进一步发展、教育和培训的机会。

电话：+36 1 318-8111

邮箱：rektorihivatal@ szfe. hu

网页：www. szfe. hu

学校负责人：塔马斯·阿舍尔（Tamas Ascher）博士，校长

创建年代：1865

所有性质：公立大学

23. 兹里尼·米克洛什国防大学

课程和学位的类型：本科学位、硕士学位、博士项目、硕士学位进一步专门化、高等职业培训、成人培训和教育。

简介：兹里尼·米克洛什国防大学（ZMNDU）作为安全和国防领域唯一的高等教育培训机构，是匈牙利高等教育体系的重要组成部分。学生在他们的

领域接受6或7个学期（BSc）的基本培训，并在3或4个学期以上获得硕士学位（MSc）。ZMNDU 有两个学院，博利亚伊·亚诺斯军事技术学院，学生在工程、经济和物流领域接受培训，拉约斯·科苏特军事科学学院是军事领导、安全和国防政策以及国家安全培训的中心。

电话：+36 1 432-9000

邮箱：zmne@ zmne. hu

网页：www. zmne. hu

创建年代：1920

所有性质：公立大学

24. 基督复临神学院

电话：+36 2 854-7295

邮箱：atf@ adventista. hu

网页：www. atf. adventista. hu

学校负责人：约瑟夫·西尔瓦西（Joseph Silwasi）博士，校长

创建年代：1948

所有性质：私立大学

25. 布达佩斯安德拉什久拉德语语言大学

电话：+36 1 266-3101

邮箱：uni@ andrassyuni. hu

网页：www. andrassyuni. hu

学校负责人：安德拉斯·马萨特（Anderas Massat）教授，校长

创建年代：2001

所有性质：私立大学

26. 浸信会神学院

电话：+36 1 342-7534

邮箱：bta@ bta. hu

网页：www. bta. hu

学校负责人：蒂博尔·阿尔马西（Tibor Almasi）博士，校长

创建年代：1906

所有性质：私立大学

27. 巴克提维丹塔学院

电话：+36 1 321-7787

邮箱：info@ bhf. hu

网页：www. bhf. hu

学校负责人：拉兹洛·托特-索马（Razlo Tote-Somar）博士，校长

创建年代：2004

所有性质：私立大学

28. 布达佩斯当代舞蹈学院

电话：+36 1 250-3046

邮箱：budapest@ tanc. sulinet. hu

网页：www. tanc. org. hu

学校负责人：伊万·安杰鲁斯（Ivan Angelus）博士，校长

创建年代：2005

所有性质：私立大学

29. 中欧大学

电话：+36 1 327-3004

邮箱：president@ ceu. hu

网页：www. ceu. hu

学校负责人：约翰·沙特克（John Saudick）博士，校长

创建年代：1991

所有性质：私立大学

30. 法门布达佩斯佛教大学

电话：+36 1 280-6712

邮箱：tankapu@ tkbf. hu

网页：www. tkbf. hu

学校负责人：塔马斯·阿戈斯（Tamas Agos）博士，校长

创建年代：1991

所有性质：私立大学

31. 福音派—路德神学院

电话：+36 1 469-1050

邮箱：teologia@ lutheran. hu

网页：http：//teol. lutheran. hu

学校负责人：拉约斯·萨博（Rajos Saab）博士，校长

创建年代：1950

所有性质：私立大学

32. 安德拉斯·佩蒂指挥教育学院和指挥培训学院

电话：+36 1 224-1500

邮箱：info@ peto. hu

网页：www. peto. hu

学校负责人：弗朗茨·沙夫豪瑟（Frantz Schafhouther）博士，校长

创建年代：1964

所有性质：私立大学

33. 国际商学院

电话：+36 1 391-2500

邮箱：info@ ibs-b. hu

网页：www. ibs-b. hu

学校负责人：伊斯特万·塔马斯（Eastvan Tamas）博士，校长

创建年代：1991

所有性质：私立大学

34. 犹太神学院—犹太研究大学

电话：+36 1 318-7049

邮箱：vzs@ or-zse. hu

网页：www. or-zse. hu

学校负责人：阿尔弗雷德·施纳（Alfred Schner）博士，校长

创建年代：1877

所有性质：私立大学

35. 五旬节神学院

电话：+36 1 290-9517

邮箱：ptf@ ptf. hu

网页：www. ptf. hu

学校负责人：保罗·格拉扎（Paul Graza）博士，校长

创建年代：1991

所有性质：私立大学

36. 圣保罗学院

电话：+36 1 432-2720

邮箱：titkarsag@ szpa. hu

网页：www. szpa. hu

学校负责人：桑多恩内·梅斯（Santone Mace）博士，校长

创建年代：1990

所有性质：私立大学

37. 萨皮安提亚神学院

电话：+36 1 486-4400

邮箱：sapientia@ sapientia. hu

网页：www. sapientia. hu

学校负责人：安德拉斯·洛伦特·欧罗斯（Andras Lorente Oros）博士，校长

创建年代：1895

所有性质：私立大学

38. 唯独圣经神学院

电话：+36 1 391-0180

邮箱：sola@ sola. hu

网页：www. sola. hu

学校负责人：苏珊娜·万科（Susanna Vanke）博士，校长

创建年代：1992

所有性质：私立大学

39. 桑德尔·韦克勒商业学院

电话：+36 1 323-1070

邮箱：info@ wsuf. hu

网页：www. wsuf. hu

学校负责人：阿提拉·博贝利（Attila Bobelli）教授，校长

创建年代：2006

所有性质：私立大学

40. 亚诺斯·科多拉尼应用科学大学

课程和学位的类型：本科学位、硕士学位、专科学位（传统）、硕士学位进一步专门化、高等职业培训、成人培训和教育。

学院、研究所：经济与管理系、方法学系、英语研究系、德语研究系、女性与文化研究系、爵士乐器乐表演与歌唱系、应用教育学系、旅游系、应用社会研究系、传播与媒体研究系，社会研究与人文系。

简介：亚诺斯·科多拉尼应用科学大学作为领先的非营利性高等教育机构之一，是全国和国际公认的高等教育机构，提供专家咨询，是一家设施、教育和研究卓越的中心。它的使命是为欧洲高等教育区的竞争力和匈牙利高等教育的国际融合做出贡献。

科学研究、国际关系、项目：自闭症知识中心、城市区域不平等研究、历史与匈牙利学研讨会、后现代研究中心、小型创业研究小组、国际和跨文化研究小组、国际高等教育质量研究小组、教育史研究小组。

41. 潘诺尼亚大学

课程和学位的类型：本科学位、硕士学位、博士项目、硕士学位进一步专门化、高等职业培训、成人培训和教育。

学院、研究所：现代语言学和社会科学学院、经济学院、工程学院、信息技术学院。

博士项目：动物与农业环境科学博士学院、管理科学与工商管理博士学院、信息科学与技术博士学院、语言学博士学院、分子与纳米技术博士学院、化学与环境科学博士学院、作物和园艺科学博士学院、化学工程与材料科学博士学院。

科学研究、国际关系、项目：潘诺尼亚大学作为研究中心和经济发展的重要贡献者，促进了企业、地方当局和中央政府在地区和国际教育、研究和发展项目中的合作。该机构的目标是进一步加强其目前在该地区的社会和文化发展中的地位。该大学对社会的需要和要求做出灵活反应，它是科学界和商界之间的联系，并与邻国关系密切。

电话：+36 2 254-3400

邮箱：kjfhivatal@ mail. kodolanyi. hu

网页：www. kodolanyi. hu

学校负责人：彼得·奥托·萨博（Peter Otto Saab）博士，校长

创建年代：1992

所有性质：私立大学

42. 杜瑙伊瓦罗斯学院

课程和学位的类型：本科学位、硕士学位、硕士学位进一步专门化、高等职业培训、成人培训和教育。

学院、研究所：材料科学与机械工程研究所、杰诺斯·德里通信研究所、机械工程研究所、信息学研究所、经济研究所、数学研究所、语言研究所、教师培训研究所、自然与环境科学研究所、管理与创业研究所、体育运动办公室。

简介：作为一个独立的机构，通过教育和基础设施投资，学院成为多瑙河和该地区学生友好的欧洲校区、知识和创新中心。学生的生活由拥有 250 多年历史的塞尔梅克学生传统主导。自 2003 年春季以来，该学院在匈牙利公立高等教育机构中率先获得了 ISO 9001：2000 质量管理证书。

科学研究、国际关系、项目：2006 年，杜瑙伊瓦罗斯地区材料科学与技术知识中心成立。此外，研究所还从事以下研发和创新研究：机械工程、机电一体化、环境保护和能源合理化信息学、教育技术、媒体科学、社会科学、经济与管理、物流和应用语言学。学院还在莱昂纳多和"伊拉斯谟计划"以及双边协议的框架内参与研究项目和师生流动。由于广泛的国际合作伙伴关系，该机构为外国学生提供英语学士学位课程。

电话：+36 2 555-1100

邮箱：rektorihivatal@ mail. duf. hu

网页：www. duf. hu

学校负责人：拉兹洛·博格纳尔（Razlo Bognar）博士，校长

创建年代：1969

所有性质：公立大学

43. 现代商业研究学院

课程和学位的类型：本科学位、硕士学位、硕士学位进一步专门化、专科

学位（传统）、高等职业培训、成人培训和教育。

简介：现代商业研究学院根据现代市场经济的要求制订其培训计划和目标。本科课程最重要的目标是培养具有深厚的学术知识、商业实践经验、流利的外语、良好的沟通能力和经营自己企业的能力的经济学家。学生可以选择接受商业与市场营销、经济与管理和国际经济学的本科课程。

电话：+36 3 452-0400

邮箱：mail@ mutf. hu

网页：www. mutf. hu

学校负责人：亚诺斯·哈伊托（Yanos Hayito）教授，校长

2010/2011 学生规模：2100 人

2010/2011 理学专业讲师：19 人

创建年代：1992

所有性质：私立大学

44. 埃斯泰尔戈姆神学院

电话：+36 3 354-1902

邮箱：foiskola@ eszhf. hu

网页：www. eszhf. hu

学校负责人：亚诺斯·塞克利（Yanos Sekley）博士，校长

创建年代：1566

所有性质：私立大学

45. 维斯普雷姆大主教神学院

电话：+36 8 854-2700

邮箱：to@ mail. vhf. hu

网页：www. vhf. hu

学校负责人：伊斯特万·瓦尔加（Eastvan Varga）博士，校长

创建年代：1991

所有性质：私立大学

46. 帕帕改革宗神学院

电话：+36 8 931-2331

邮箱：ref. teol@ prta. hu

网页：www. prta. hu

学校负责人：加博·弗拉达尔（Gabor Flradar）博士，校长

创建年代：1531

所有性质：私立大学

47. 欧洲加州教堂圣经学院

电话：+36 2 522-9252

邮箱：gtf@ ccbce. com

网页：gtf. ccbce. com

学校负责人：阿尔帕·霍瓦特（Alpa Horovt）博士，校长

创建年代：2009

所有性质：私立大学

48. 德布勒森大学

课程和学位的类型：本科学位、硕士学位、专科学位（传统）、大学学位（传统）、博士项目、硕士学位进一步专门化、高等职业培训、成人培训和教育。

学院、研究所：应用经济学与农村发展、艺术与人文、经济与商业、儿童与成人教育、工程、牙科、健康、信息科学、法律、医学、音乐、药学、公共卫生、科学与技术、农业与食品科学、环境管理共 16 个学院。

博士项目：博士（PhD）研究在 25 所博士学院进行。该大学在 6 个科学领域（农业、工程、人文、医学、科学、社会科学）和 25 个不同的科学分支授予博士学位。每年博士学位的数量在 150~200。

科学研究、国际关系、项目：大学的研发活动在所有科学领域都获得了国际声誉，有 700~800 个项目并行运行。其研发收入占匈牙利高校研发总收入的

16%～17%，并逐年增加。多个项目获得了国际支持，其中有近50个项目由"欧盟框架计划"资助。该大学与国外大学签订了300多项双边协议，是多个国际组织的成员。

49. 尼赖吉哈萨学院

课程和学位的类型：本科学位、硕士学位、专科学位（传统）、大学学位（传统）、硕士学位进一步专门化、高等职业培训、成人培训和教育。

学院、研究所：文学院、经济与社会研究学院、工程与农业学院、教师培训学院、自然科学与信息技术学院。

简介：基于过去的经验、价值观和发展成果，尼赖吉哈萨学院希望成为该国和匈牙利东北地区的高等教育知识中心。学院了解该地区的社会和经济状况，因此可以充分保证知识经济的人力资源需求，加强当地的创新，并通过这一点，它可以赶上这个国家更发达的地区。

科学研究、国际关系、项目：研发战略是实现机构发展计划（IDP）确定的目标，这有助于增加机构的学术计划（"机会均等"）、北方大平原地区（"绿色地区"）的作用和劳动力市场的经济和创新效率（"动态网络"）。学院建立了重要的合作伙伴网络。这些合作机构可以交流领导和管理经验，并扩大教育和研究领域的专业合作。

电话：+36 5 251-2900

邮箱：rector@ admin. unideb. hu

网页：www. unideb. hu

学校负责人：伊斯特万·法比安（Estvan Fabian）教授，校长

创建年代：1538

所有性质：公立大学

50. 索尔诺克学院

课程和学位的类型：本科学位、硕士学位进一步专门化、高等职业培训。

简介：索尔诺克大学由两个主要组织单位组成，即商学院（位于索尔诺克）和技术与农业学院（位于梅兹图尔）。商学院培训旅游与餐饮、国际商

务、商业与市场营销以及金融与会计专业的经济学家。技术与农业学院培养经济与农村发展农业工程、农业与食品工业机械工程、技术经理和农业工程方面的工程师。两个学院也提供高等职业和专业进修课程。

电话：+36 5 6510-300

邮箱：szolf@ szolf. hu

网页：www. szolf. hu

学校负责人：伊姆雷·图罗齐（Imre Tulozi）博士，校长

创建年代：1976

所有性质：公立大学

51. 弗伦茨·科尔西改革师范学院

课程和学位的类型：本科学位、专科学位（传统）、硕士学位进一步专门化、高等职业培训、成人培训和教育。

简介：弗伦茨·科尔西改革师范学院是蒂尚图尔改革教会区的一所高等教育机构。除教师培训外，还提供以下学士学位专业：传播与媒体科学、图书馆计算机科学、康托尔和改革宗教教育教师。基于第一周期的学位，学院提供研究生专业培训课程、小学教师在职培训、高级职业培训和广泛的成人教育。学院认为促进居住在境外的匈牙利教师的专业培训非常重要。

电话：+36 5 251-8500

邮箱：rektor@ kfrtkf. hu

网页：www. kfrtkf. hu

学校负责人：佐尔坦·沃尔杰西（Zoltan Waljerse）博士，校长

创建年代：1855

所有性质：私立大学

52. 德布勒森改革宗神学大学

电话：+36 5 251-6820

邮箱：rektori@ drhe. hu

网页：www. drhe. ttre. hu

学校负责人：桑多内·法扎卡斯（Santone Fazakas）博士，校长

创建年代：1538

所有性质：私立大学

53. 圣亚他那修希腊天主教神学院

电话：+36 4 259-7600

邮箱：atanaz@ atanaz. hu

网页：www. atanaz. hu

学校负责人：亚诺斯·索尔特斯（Yanos Saltes）博士，校长

创建年代：1950

所有性质：私立大学

54. 埃斯特尔哈兹大学

课程和学位的类型：本科学位、硕士学位、专科学位（传统）、大学学位（传统）、博士项目、硕士学位进一步专门化、高等职业培训、成人培训和教育。

学院、研究院：人文学院、经济与社会科学学院、教师培训与知识技术学院、自然科学学院。

简介：按照"博洛尼亚进程"的要求以及匈牙利加入欧盟后随之融入欧洲高等教育区，埃斯特尔哈兹大学的目标是通过不断改进其教育服务以及制定透明、灵活的学术课程以提供选择的自由并满足学生的需求，由此来颁发国内和国际知名的有价值的学位和文凭。

博士学院：历史科学博士学院

科学研究、国际关系、项目：学院自豪地拥有多个国际知名的研究小组，如区域商业发展研究小组和信息社会教学与研究小组、苔藓植物学研究小组、机构植物园和 EGERFOOD（埃格尔食品）区域知识中心。除了与匈牙利学院和其他大学建立良好的专业合作外，学院还与 25 个国家的 60 多所高等教育机构保持专业联系。

55. 卡罗利罗伯特学院

课程和学位的类型：本科学位、硕士学位、专科学位（传统）、硕士学位进一步专门化、高等职业培训、成人培训和教育（成人教育学）。

学院、研究院：经济与社会科学学院、自然资源管理与农村发展学院。

简介：卡罗利罗伯特学院的运作以人为本。其目标是最大限度满足国内外客户的需求。有意经营和指导该机构，使其名称可以为学生、同事和合作伙伴等提供高质量的保证。学院使命的一个重要部分是塑造社会良知，让社会和环境的优先事项占上风。这种以质量和环保意识为中心的观点可以在所有教学过程中感受到。

科学研究、国际关系、项目：研究机构有 MTA 生态能源与环境联合研究组；农业发展和物流中心；葡萄栽培和酿酒研究所，鲁道夫·弗莱施曼研究所；森林地块植物园；领导中心。研究领域：生物能源学、环境管理与保护、遥感经济、营销、管理、旅游与乡村发展、植物保护、植物育种和植物生理学。科学论坛：国际科学日、专业和科学学生协会。合作机构：政府部门、银行、国际和国内公司、高等教育机构、ERASMUS（"伊拉斯谟"计划）。

电话：+36 3 652-0400

邮箱：univ@ univ-eger. eu

网页：www. ektf. hu

学校负责人：佐尔坦·豪瑟（Zoltan Hauser）博士，校长

创建年代：1774

所有性质：公立大学

56. 米什科尔茨大学

课程和学位的类型：本科学位、硕士学位、专科学位（传统）、大学学位（传统）、博士项目、硕士学位进一步专门化、高等职业培训、成人培训和教育。

学院、研究院：地球科学与工程学院、材料科学与工程学院、机械工程与信息学院、法学院、经济学院、文学院、考文纽斯师范学院、健康科学学院、

巴托克·贝拉音乐学院、阿维·约瑟夫示范小学。

博士项目：塞缪尔·米科维尼地球科学博士学院，安塔尔·凯佩利材料科学与技术博士学院，伊斯特万·萨伊机械工程博士学院，约瑟夫·哈瓦尼信息科学、工程与技术博士学院，弗伦茨·迪克法学博士学院，"企业理论与实践"博士学院，文学博士学院。

科学研究、国际关系、项目：学校与国外 90 所高校签订了合作协议。研究所：应用地球科学研究所。知识中心：机电一体化与物流系统区域大学知识中心、创新管理合作研究中心。该大学有 2 个由匈牙利科学院支持的研究团队。"伊拉斯谟流动计划"（ERASMUS）中的双边协议数量：138；在"中欧高等教育交流计划"（CEEPUS）中与 40 所东中欧大学建立网络移动合作伙伴关系。

电话：+36 4 656-5111

网页：www.uni-miskolc. hu

学校负责人：久拉·帕特科（Jola Patco）教授，校长

创建年代：1735

所有性质：公立大学

57. 埃格尔神学院

电话：+36 3 631-2916

邮箱：rektor@ eghf. hu

网页：www. eghf. hu

学校负责人：拉约斯·多莱（Layos Polee）博士，校长

创建年代：1704

所有性质：私立大学

58. 归正会萨罗斯·帕塔克神学院

电话：+36 4 731-2947

邮箱：dekania@ srta. hu

网页：www. srta. hu

学校负责人：弗伦茨·卡达尔（Ferenz Kadar）博士，校长

创建年代：1531

所有性质：私立大学

59. 塞格德大学

课程和学位的类型：本科学位、硕士学位、专科学位（传统）、大学学位（传统）、博士项目、硕士学位进一步专门化、高等职业培训、成人培训和教育。

学院、研究所：农业学院、艺术学院、牙科学院、经济与工商管理学院、工程学院、健康科学与社会研究学院、法学院、医学院、音乐学院、药学院、科学和信息学学院、久拉·尤哈斯教师培训学院。

博士项目：法学与政治学、理论医学、交叉医学、临床医学、多学科医学、哲学、文学、教育科学、语言学、历史学、经济学、药学、生物学、物理学、地球科学、化学、环境科学、数学、计算机科学与信息学共 19 个博士学院。

科学研究、国际关系、项目：大学开展的教育、科研工作得到国际认可。该大学于 2010 年被授予"研究型大学"称号。它有 30 所姐妹大学，在欧盟项目中，它与 290 所大学签订了 520 项双边协议。该机构每年通过"伊拉斯谟流动计划"（ERASMUS）和"中欧高等教育交流计划"（CEEPUS）学生交换项目接收来自世界各地的 300 名外国学生。

电话：+36 6 254-4000

邮箱：rektor@ rekt. u-szeged. hu

网页：www. u-szeged. hu

学校负责人：加博尔·萨博（Gabor Saab）教授，校长

创建年代：1581

所有性质：公立大学

60. 厄特沃斯·约瑟夫学院

课程和学位的类型：本科学位、专科学位（传统）、硕士学位进一步专门

化、高等职业培训、成人培训和教育。

简介：学院保留了传统的研究领域，并确保不断改进基础设施。通过接管位于苏戈维察河岸的建筑来开辟新的可能性。学士课程：成人教育学、信息技术管理员、幼儿园教师、小学教师、土木工程师、环境工程师、经济与管理。海格专业培训：婴幼儿教育与看护、青年帮手、机构传播者、社区组织者、网络程序员、培训助理、旅游专家经理、银行管理员、物流技术经理助理、废弃物管理技术员、财务管理员、会计经理。

电话：+36 7 952-4624

邮箱：felnottkepzes@ejf.hu，sari.mihaly@ejf.hu

网页：www.ejf.hu

学校负责人：亚诺斯·迈丹（Yanos Meydan）教授，校长

创建年代：1870

所有性质：公立大学

61. 凯奇·凯梅特学院

课程和学位的类型：本科学位、硕士学位、专科学位（传统）、硕士学位进一步专门化、高等职业培训、成人培训和教育。

简介：凯奇·凯梅特学院是一所由三个学院（技术学院、师范学院和园艺学院）组成的高等教育机构。学院的目标是满足现代欧洲高等教育机构的要求。语言、信息技术、技术和生态实验室、工作室、图书馆、学生宿舍和文化服务使学习环境愉快。凯奇·凯梅特学院按照 ISO 9001：2000 质量保证体系规定运作。

电话：+36 7 650-1960

邮箱：kefo@kefo.hu

网页：www.kefo.hu

学校负责人：丹邑·约瑟夫（Daniel Joseph）博士，校长

创建年代：1910

所有性质：公立大学

62. 托莫里·保罗学院

课程和学位的类型：本科学位、专科学位（传统）、硕士学位进一步专门化、高等职业培训、成人培训和教育。

简介：托莫里·保罗学院是匈牙利最年轻、最具活力的学院之一。它提供经济和人文领域的教育。合格教师与学生的比例是匈牙利高等教育机构中最高的。学院在 ISO 9001：2009 的规定下运作。学院的学生宿舍对新入学的学生第一学期免费。学院也在布达佩斯提供教育。

电话：+36 7 856-4600

邮箱：info@ tpfk. hu

网页：www. tpfk. hu

学校负责人：罗莎·梅斯莱尼（Rosa Meleney）博士，校长

创建年代：2004

所有性质：私立大学

63. 弗伦·加尔神学院

电话：+36 6 242-5738

邮箱：gfhf@ gfhf. hu

网页：www. gfhf. hu

学校负责人：加博尔·科兹马（Gabor Kozma）博士，校长

2010/2011 学生规模：280 人

2010/2011 理学专业讲师：28 人

创建年代：1930

所有性质：私立大学

64. 佩奇大学

课程和学位的类型：本科学位、硕士学位、专科学位（传统）、大学学位（传统）、博士项目、硕士学位进一步专门化、高等职业培训、成人培训和教育。

学院、研究院：法学院、医学院、人文学院、健康科学学院、成人教育与人力资源开发学院、久拉·伊利耶斯教育学院、商业与经济学院、音乐与视觉艺术学院、波拉克·米哈利工程学院、科学学院。

博士项目：法律与政治学、工商管理、区域政治与经济学、生物学、地理学、化学科学、物理学、文学、语言学、心理学、哲学、交叉学科人文与社会科学、教育科学、病理生理学系、临床医学科学、药理学科学、跨学科医学科学、健康科学、美术、建筑共 20 个博士学院。

科学研究、国际关系、项目：近 2000 名教研人员参与了 10 个不同院系的研究项目；共有 20 所博士学院提供博士学位，涵盖广泛的科学和艺术领域，从古典人文科学到社会科学，再到医学和自然科学。与 25 个国家的 266 所大学签订的大约 383 份"伊拉斯谟流动计划"（ERASMUS）协议以及 50 份大学间协议，确保了学生和教职员工的流动性。佩奇大学在多个区域和国际大学网络中发挥着关键作用。

电话：+36 7 250-1500

邮箱：rector@ pte. hu

网页：www. pte. hu

学校负责人：约瑟夫·博迪斯（Joseph A. Boddis）教授，校长

创建年代：1367

所有性质：公立大学

65. 卡波什瓦尔大学

课程和学位的类型：本科学位、硕士学位、专科学位（传统）、大学学位（传统）、博士项目、硕士学位进一步专门化、高等职业培训、成人培训和教育。

简介：卡波什瓦尔大学的四个学院有动物学院、经济科学学院、教育学院和艺术学院，提供广泛的学习计划，确保终身学习的可能性。该大学的其他组织单位是健康中心、潘农马术学院、游戏管理景观中心——布森法、诊断和肿瘤放射学研究所和饲料作物研究所。

电话：+36 8 20-5800

邮箱：rektor@ ke. hu

网页：www. ke. hu

学校负责人：弗伦茨·萨瓦伊（Ferenz Savai）教授，校长

创建年代：2000

所有性质：公立大学

66. 佩奇神学院

电话：+36 7 251-3060

邮箱：to@ pphf. hu

网页：www. pphf. hu

学校负责人：佐尔特·齐格拉尼（Zolt Ziggrani）博士，校长

创建年代：1742

所有性质：私立大学

67. 塞切尼·伊斯特万大学

课程和学位的类型：本科学位、硕士学位、博士项目、硕士学位进一步专门化、高等职业培训、成人培训和教育。

学院、研究院：工程科学学院、考茨久拉经济学院、迪克·弗伦茨法律与政治学院、佩茨·拉霍斯健康与社会研究所、瓦尔加·蒂博尔音乐艺术学院。

博士项目：多学科工程科学博士学院的科学活动扩展到信息通信、运输和内置环境系统。多学科社会科学博士学院旨在揭示中欧地区未来的合作方向、激励和阻碍因素。法学和政治学博士学院主要提供关于公法的讲座和研究活动，并提供学习私法领域的独特机会。

科学研究、国际关系、项目：区域大学车辆工业知识中心开展了两个资助研究项目。合作研究中心——目前作为非营利性大学有限公司的支持项目——与汽车工业、电子和物流领域的公司开展联合研究任务。成立了一个国际研究人员团队，负责应用数学领域的一个为期 2 年的项目。知识管理中心的建立是为了协调和发展大学的研究活动，还负责传播研究成果。

电话：+36 9 650-3400

邮箱：sze@ sze. hu

网页：www. uni. sze. hu

学校负责人：塔马斯·塞克雷斯（Tamas Secres）博士，校长

创建年代：1968

所有性质：公立大学

68. 西匈牙利大学

课程和学位的类型：本科学位、硕士学位、博士项目、硕士学位进一步专门化、高等职业培训、成人培训和教育。

学院、研究所：迪克·弗伦茨法律与政治学院、考茨久拉经济学院、工程科学学院、佩茨·拉霍斯健康与社会研究所、瓦尔加·蒂博尔音乐艺术学院。

博士项目：考茨久拉林业与野生动物管理博士学院、基泰贝尔·帕尔环境科学博士学院、齐拉基·约瑟夫木材科学与技术博士学院、塞切尼·伊斯特万经济过程理论与实践博士学院、乌杰伊·伊姆雷动物科学博士学院、植物精密生产方法博士学院。

科学研究、国际关系、项目：该大学已与 29 个国家合作开展了 100 多个不同的研究（RDI）项目。知识中心：ERFARET（森林和木材利用区域知识中心）——技术转让；KKK（环境资源管理和保护合作研究中心）——环境影响调查、最新废弃物管理技术的开发。学院也是匈牙利所有木材工业的研究和服务中心。

电话：+369 951-8100

邮箱：rectoro@ nyme. hu

网页：www. nyme. hu

学校负责人：桑多内·法拉戈（Santone Farago）教授，校长

创建年代：1735

所有性质：公立大学

69. 吉尔神学院

电话：+369 631-3055

邮箱：mroncz@ gyhf. hu

网页：www. gyhf. hu

学校负责人：弗伦茨（Franz）博士，校长

创建年代：1627

所有性质：私立大学

70. 外喀尔巴阡匈牙利研究所

课程和学位的类型：本科学位、理学学士学位、成人培训和教育。

简介：该机构是国家认可的乌克兰高等教育机构，由外喀尔巴阡匈牙利学院基金会（FTHC）创立和维护，具有三级认证。该基金会由匈牙利外喀尔巴阡文化协会、匈牙利教育家外喀尔巴阡协会、外喀尔巴阡改革教会和别列戈沃镇（Beregszasz）地方政府成立。自1996年以来，该机构一直作为独立的、正式注册的高等教育机构运营，并获得国家运营许可。外喀尔巴阡的学生可以在该学院的6个部门、10个项目中心学习。该机构尚未获得乌克兰国家的任何支持。它由乌克兰教育部和科学部专业控制。相当一部分维持该机构所需的财政支持由母国教育部提供给研究所，或以申请的方式完成。

电话：+38 0 314-2968

邮箱：foiskola@ kmf. uz. ua

网页：www. kmf. uz. ua

学校负责人：卡尔曼·苏斯（Kalman Sus）博士，校长；伊尔迪科·奥罗斯（Irdico Oros）博士，校长

创建年代：1994

71. 帕蒂姆基督教大学

课程和学位的类型：本科学位、硕士学位、成人培训和教育。

简介：帕蒂姆基督教大学是匈牙利特兰西瓦尼亚/帕蒂姆高等教育系统的一个组成部分，是第一所独立的、经过认证的大学，在1989年发生变化后，由居住在罗马尼亚的匈牙利人建立。13个本科课程和5个研究生课程由大学的三个学院（人文学院、经济学院和艺术学院）运营。大学自成立以来，在国家

高等教育（大学）体系中得到认可，并与匈牙利大学建立了双边协议规范的密切合作关系。

电话：+40 2 594-1824

邮箱：partium@ partium. ro

网页：www. partium. ro

学校负责人：萨博尔奇·雅诺斯·萨特马里（Sarkozy Janos Satmari）博士，校长

创建年代：2000

所有性质：私立大学

72. 西利·亚诺斯大学

课程和学位的类型：本科学位、硕士学位、博士项目、成人培训和教育。

学院、研究院：经济学院、教师培训学院、改革宗神学院。

博士学院：教师培训学院有匈牙利语言和文学学院。改革宗神学院：神学院。

简介：西利·亚诺斯大学是斯洛伐克最年轻的高等教育机构，是斯洛伐克唯一提供匈牙利语课程的独立国家资助的高等教育机构。该大学的主要目的是为中小学教师和神学家提供高水平的培训，并为以下领域的专业人士提供培训：金融、信息技术和营销。西利·亚诺斯大学的使命是提供母语教育，并确保为在托儿所、小学和中学工作的教师和教育工作者、神学家和经济学家提供高质量的培训。并以匈牙利语进行教学。

电话：+42 1 357-7330

邮箱：info@ selyeuni. sk

网页：www. selyeuni. sk

学校负责人：亚诺斯·托特（Yanos Tott）博士，校长

创建年代：2004

73. 匈牙利特兰西瓦尼亚大学

课程和学位的类型：本科学位。

学院、研究所：经济与人文学院、工程与社会科学学院、工程与人文学院、自然科学与艺术学院。

简介：匈牙利特兰西瓦尼亚大学（Sapientia HUT）是罗马尼亚高等教育机构之一，成立于2001年。它的成立得到了匈牙利国家的支持。该大学在特兰西瓦尼亚的三个城镇（米尔库雷亚丘克、特尔古穆雷斯和克卢日纳波卡）开展业务。该大学在2010/2011学年，在260名国内讲师/外籍客座教授的指导下，在以下科学学科的22个项目中提供匈牙利语课程：工程、政治学、社会科学、经济学、人文和艺术。

电话：+40 2 644-3926

邮箱：office@ sapientia. ro

网页：www. sapientia. ro

学校负责人：拉斯洛·大卫（Laslow David）博士，校长

创建年代：2001

致　谢

　　本专著由王庆年副研究员执笔，研究团队各位老师和研究生都付出了巨大的努力。硕士生曾彦霏、龙淑雨、唐澜怡以及本科生王韵沛等在资料整理和相关研究方面做了一定工作，并对本专著进行了大量的文字核对。本项目还得到了国家社科基金（21BSH097）、教育部人文社科基金（11YJA790149）、科技部项目、教育部产学协同育人项目（201902036018，201902315002）、广东省自然科学基金项目（2020A1414010301）、广东省哲学社会科学规划项目（GD20HYJ02）、广州市哲学社会科学项目（2019GZGJ08）、中国高等教育学会外国留学生教育管理分会项目（CAFSA2020-Y022）和华南理工大学社科项目、教改项目的大力支持，在此一并表示感谢！